CLÉS POUR L'ORAL

MANUEL D'EXPLOITATION

Geneviève CALBRIS
ENS de Lyon - CNRS

Jacques MONTREDON
Université de Franche-Comté
Université du Queensland (Australie)

FRANÇAIS LANGUE ÉTRANGÈRE

www.hachettefle.fr

Nos remerciements aux éditions Cêtre pour leur autorisation de reproduction d'extraits de *De bouche à oreille. Dictionnaire des étudiants étrangers de Besançon* de Jacques Montredon, 2005.

Couverture : Encore lui !
Maquette intérieure : Véronique Lefebvre
Mise en page : Nadine Aymard
Secrétariat d'édition : Vanessa Colnot
Illustration : Zaü

ISBN 978-2-01-155749-0
© HACHETTE LIVRE 2011 43 quai de Grenelle, F 75 905 Paris Cedex 15, France.
http://www.hachettefle.fr

Sommaire

L'itinéraire que nous vous proposons dans *Clés pour l'oral* a déjà été emprunté avec succès par des étudiants de diverses nationalités, dans une expérimentation conduite par Denise Dromard-Montredon, enseignante de FLE, au Centre de Linguistique Appliquée de Besançon en 2007-2008. Il est le fruit d'une recherche théorique et de son application pédagogique à l'enseignement des langues.

Le geste, jumeau de la parole, est fondamental dans la production langagière et dans sa réception par l'interlocuteur. Il aide le locuteur à concrétiser sa pensée parallèlement au mot abstrait, et il facilite chez l'interlocuteur la compréhension à partir de l'image enregistrée dans le cerveau, en plus de la trace sonore. Ainsi, dans l'argumentation pour présenter un point de vue différent, comme dans l'échange suivant :

A – Quentin est très intelligent.

B – Il est <u>quand même</u> désordonné.

B peut figurer l'autre côté des choses par un mouvement de la tête abaissée sur le côté, en même temps qu'il dit *quand même* :

L'interlocuteur entend et voit en même temps : le sens est véhiculé par les deux canaux (auditif et visuel).

Quand même est un connecteur, c'est-à-dire un mot dont la fonction est de relier deux unités de sens : dans l'exemple donné, B ne conteste pas l'intelligence de Quentin – « Quentin est intelligent » – mais il apporte une restriction – « Il est quand même désordonné ». Les connecteurs sont indispensables dans l'argumentation conversationnelle. Dans *Clés pour l'oral*, vous allez les découvrir en situation dans des séquences filmées. Avec l'exemple de *quand même*, vous comprenez maintenant que la gestuelle accompagnant le connecteur peut vous aider à saisir sa signification et à le mémoriser. En début de chaque unité et après la séquence filmée, un questionnaire vous aidera dans votre observation et dans la découverte du sens. Dans l'itinéraire présenté, vous vous déplacerez de connecteur en connecteur (de *quand même* à *en plus*). C'est ainsi que vous pourrez vous familiariser peu à peu avec les gestes et les paroles de l'argumentation conversationnelle. Tout au long de ce parcours, des jeux de rôle vous permettront de les pratiquer.

Dans cet apprentissage, c'est votre corps tout entier qui sera sollicité. Peu importe que vos gestes ne correspondent pas tout à fait à ceux des Français, c'est votre engagement total dans le jeu théâtral qui libérera votre parole et vous permettra de tenir votre rôle quand vous discuterez avec des francophones.

À cinq reprises, nous vous invitons à vous évaluer avec l'aide de l'enseignant(e), après une performance dans un jeu de rôle qui vous sera proposé. Vous pourrez ainsi juger de vos progrès et connaître les critères avec lesquels l'enseignant(e) pourra juger de vos résultats. Il/Elle le fera avec la même grille que celle que vous aurez utilisée pour vous autoévaluer. Les points par rubrique seront déterminés en fonction des normes en vigueur dans votre contexte institutionnel.

Dans *Clés pour l'oral*, vous travaillerez beaucoup en tandem ou en trio : pratiquer une langue constamment avec un ou deux partenaires est l'un des meilleurs moyens d'apprendre à parler cette langue. Vos interlocuteurs dans la classe seront moins intimidants que des locuteurs natifs, cependant vous devez vous attendre à ce que leur niveau (tout comme le vôtre) progresse rapidement au fil des séances.

Légende des questionnaires et transcriptions :

F = la femme   H = l'homme

JF = la jeune femme   JH = le jeune homme

Au fait

❶ Visionnez la séquence.

❷ Lisez les affirmations ci-dessous. Revisionnez la séquence puis dites si c'est vrai ou faux.

	Vrai	Faux
1. Pour introduire la nouvelle qu'elle veut donner à son amie, JF avance brusquement l'index dans sa direction.	☐	☐
2. Elle n'a pas l'intention d'accepter cette invitation.	☐	☐
3. Elle n'a pas de robe pour la circonstance.	☐	☐
4. C'est par l'index levé qu'elle signale cet obstacle.	☐	☐

LIRE et JOUER

À deux. Lisez à voix haute la transcription de la séquence. Tentez de restituer les gestes et les expressions repérés lors du visionnage.

> **JF** – *Au fait*, je t'ai pas dit, je suis invitée au mariage d'Alex.
>
> **F** – C'est sympa, non ?
>
> **JF** – Oui… Le hic, c'est qu'il faut que j'achète une robe...

Hic, *n. m. (fam.)* : « Le mari de ma propriétaire était en train de réparer sa voiture, mais c'était assez difficile de trouver l'origine de la panne. Finalement, il l'a trouvée et il a dit : "Voilà le hic !" Même si je connaissais déjà le mot *hic*, j'étais quand même surprise de l'entendre. »

Ce « hic » est le reste d'une expression latine : *Hic est questio* : Là est la question.

Dictionnaire des étudiants étrangers de Besançon

CRÉER

❶ À deux.

a. Imaginez ensemble le contexte de la séquence : lieu, moment, relation entre les deux personnages...

b. Étoffez la séquence avec deux ou trois répliques **en aval**.

c. Jouez votre scène devant les autres étudiants.

Exemple :

a. Contexte : deux amies partagent le même appartement. Elles n'ont pas beaucoup d'argent et leur garde-robe n'est pas très fournie.

b. JF – *Au fait,* je t'ai pas dit, je suis invitée au mariage d'Alex.

   F – C'est sympa, non ?

   JF – Oui… Le hic, c'est qu'il faut que j'achète une robe...

   F – Ta sœur pourrait t'en prêter une...

   JF – Elle et moi, on a pas les mêmes goûts, tu sais bien...

❷ À deux.

a. Lisez le dialogue suivant puis dites si c'est vrai ou faux.

A – Ah oui, j'y pense ! Christophe a téléphoné : il veut que tu le rappelles...
B – Quand est-ce qu'il a téléphoné ?
A – Avant-hier.
B – Je ne peux pas compter sur toi !

	Vrai	Faux
1. A se rappelle tout à coup le coup de téléphone de Christophe.	☐	☐
2. « Ah oui, j'y pense ! » peut être accompagné d'un claquement de doigts.	☐	☐
3. A est quelqu'un de distrait.	☐	☐
4. B pense que son ami(e) n'est pas fiable.	☐	☐

b. Étoffez le dialogue avec deux ou trois répliques **en aval.**

c. Jouez votre scène devant les autres étudiants.

COMPARER

Visionnez *Revoir le geste.*

Dans un même contexte, les locuteurs de votre langue maternelle :

☐ **1.** ne produiraient aucun geste.

☐ **2.** produiraient un geste identique.

☐ **3.** produiraient un geste légèrement différent. (Effectuez ce geste.)

☐ **4.** produiraient un geste différent. (Effectuez ce geste.)

À RETENIR

En début d'énoncé, *au fait* (et ses synonymes) est une locution qui permet au locuteur soit d'interpeller son interlocuteur sur un sujet qui lui vient à l'esprit (*Au fait, j'y pense…, Ah tiens/Ah oui, j'y pense…, Ah au fait, j'oubliais…*), soit d'introduire dans la conversation un changement de thème (*Au fait…, À propos…*), soit encore de recentrer l'attention sur un nouveau sujet à l'intérieur d'un même thème (*Au fait, c'est quand son anniversaire ?*). L'expression « Au fait, de quoi s'agit-il ? » est utilisée pour une demande d'explication ou de clarification.

Quand même

 VISIONNER

❶ Visionnez la séquence 1.

❷ Lisez les affirmations ci-dessous. Revisionnez la séquence 1 puis dites si c'est vrai ou faux.

	Vrai	Faux
1. Le couple dont on parle semble être un couple harmonieux.	☐	☐
2. En fait, ils ne s'entendent pas très bien.	☐	☐
3. C'est en penchant la tête sur le côté que H présente l'autre aspect de la vie du couple.	☐	☐
4. Il signale ce fait qui se reproduit souvent par les deux index levés.	☐	☐

LIRE et JOUER

À deux. Lisez à voix haute la transcription de la séquence 1. Tentez de restituer les gestes et les expressions repérés lors du visionnage.

> F – Ils ont de la chance : ils s'entendent bien, Stéphane est très attentionné avec elle… Un couple heureux, quoi.
> H – Oui… Ils se disputent *quand même* souvent !
> F – Ah bon ?
> H – Je t'assure. Pas en public, mais je m'en suis rendu compte…

CRÉER

❶ À deux.

a. Imaginez ensemble le contexte de la séquence 1 : lieu, moment, relation entre les deux personnages...

b. Étoffez la séquence avec deux ou trois répliques **en amont** puis **en aval**.

c. Jouez votre scène devant les autres étudiants.

Exemple :

a. Contexte : un couple passe un moment agréable au bord de la mer. Il fait très beau, la mer est d'un bleu parfait : ils regrettent qu'un couple d'amis, Élodie et Stéphane, ne soit pas auprès d'eux pour en profiter. Ils les évoquent.

b.

F – Si seulement Élodie et Stéphane avaient pu venir : ça aurait été une journée parfaite.

H – Oui, ils me manquent à moi aussi...

F – Ils ont de la chance : ils s'entendent bien, Stéphane est très attentionné avec elle... Un couple heureux, quoi.

H – Oui... Ils se disputent *quand même* souvent !

F – Ah bon ?

H – Je t'assure. Pas en public, mais je m'en suis rendu compte...

F – Tu me surprends. C'est peut-être pas si grave.

H – Je l'espère pour eux !

❷ À deux.

a. Lisez le dialogue suivant puis dites si c'est vrai ou faux.

A – Je suis d'accord avec toi, Paul est intelligent, mais il est quand même brouillon.

B – Je ne te dirai pas le contraire.

	Vrai	Faux
1. Pour A, l'intelligence de Paul ne fait pas de doute.	☐	☐
2. Mais d'après A, Paul a aussi un gros défaut : il est colérique.	☐	☐
3. A peut montrer l'autre aspect de la personnalité de Paul en penchant la tête sur le côté.	☐	☐
4. B ne contredit pas A.	☐	☐

b. Étoffez le dialogue avec deux ou trois répliques **en amont** puis en aval.

c. Jouez votre scène devant les autres étudiants.

COMPARER

Visionnez *Revoir le geste* de la séquence 1.

Dans un même contexte, les locuteurs de votre langue maternelle :

☐ **1.** ne produiraient aucun geste.
☐ **2.** produiraient un geste identique.
☐ **3.** produiraient un geste légèrement différent. (Effectuez ce geste.)
☐ **4.** produiraient un geste différent. (Effectuez ce geste.)

> Avec *quand même*, on peut avancer un contre-argument ou présenter un point de vue différent et/ou restrictif après avoir marqué un accord provisoire avec son interlocuteur.

.... Séquence 2 ....

VISIONNER

❶ Visionnez la séquence 2.

❷ Lisez les affirmations ci-dessous. Revisionnez la séquence 2 puis dites si c'est vrai ou faux.

	Vrai	Faux
1. F demande son chemin.	☐	☐
2. JH ne répond pas avec courtoisie.	☐	☐
3. Il exprime son ignorance en secouant la tête et en donne la raison en ouvrant la main droite.	☐	☐
4. F opine plusieurs fois de la tête en signe de remerciement.	☐	☐

LIRE et JOUER

À deux. Lisez à voix haute la transcription de la séquence 2. Tentez de restituer les gestes et les expressions repérés lors du visionnage.

> **F** – Excusez-moi, je cherche la rue des Granges. C'est bien par là ?
> **JH** – Désolé, madame. Je suis que de passage, je connais pas la ville.
> **F** – Merci *quand même* !

CRÉER

❶ À deux.

a. Imaginez ensemble le contexte de la séquence 2 : lieu, moment, relation entre les deux personnages...

b. Étoffez la séquence avec deux ou trois répliques en aval.

c. Jouez votre scène devant les autres étudiants.

Exemple :

a. Contexte : en ville, une femme cherche son chemin. Elle aborde le premier passant qu'elle voit.

b.
F – Excusez-moi, je cherche la rue des Granges. C'est bien par là ?
JH – Désolé, madame. Je suis que de passage, je connais pas la ville.
F – Merci *quand même* !
(Une troisième personne intervient.)
X – Je peux vous aider ? Vous cherchez quelle rue ?
F – La rue des Granges. On m'a dit que c'était par là.
X – Oui, continuez un peu, c'est la deuxième à droite, à deux cents mètres.
F – Merci infiniment.
X – Il n'y a pas de quoi. Bonne journée !

❷ À deux.

a. Lisez le dialogue suivant puis dites si c'est vrai ou faux.

A – Pardon monsieur, je cherche la rue Fourier. C'est bien dans ce secteur ?
B – Pas le temps.
A – Merci quand même !
B – Excusez-moi madame, mais je cours à un rendez-vous.
A – J'aime mieux ça...

	Vrai	Faux
1. A pense que la rue Fourier est dans le quartier où elle se trouve.	☐	☐
2. B répond brutalement à la demande de renseignement de A.	☐	☐
3. « Merci quand même ! » doit être dit sur le même ton que dans le dialogue précédent.	☐	☐
4. B essaie de rattraper son manque de politesse.	☐	☐

b. Étoffez le dialogue avec deux ou trois répliques en aval.

c. Jouez votre scène devant les autres étudiants.

COMPARER

Visionnez *Revoir le geste* de la séquence 2.

Dans un même contexte, les locuteurs de votre langue maternelle :

☐ **1.** ne produiraient aucun geste.

☐ **2.** produiraient un geste identique.

☐ **3.** produiraient un geste légèrement différent. (Effectuez ce geste.)

☐ **4.** produiraient un geste différent. (Effectuez ce geste.)

> ● Dans l'expression idiomatique *Merci quand même*, le locuteur n'a pas obtenu une réponse positive à sa demande mais il a apprécié l'attitude de son interlocuteur. De même, on peut souhaiter *Bon voyage quand même* à quelqu'un qui part avec regret. Bien sûr, selon l'intonation adoptée (par exemple, un ton ironique), le sens de ces expressions pourra varier.

.... Séquence **3** ....

VISIONNER

❶ Visionnez la séquence 3.

❷ Lisez les affirmations ci-dessous. Revisionnez la séquence 3 puis dites si c'est vrai ou faux.

	Vrai	Faux
1. C'est la première fois que H arrive en retard à un rendez-vous donné à son amie.	☐	☐
2. Pour exprimer son exaspération, F met les mains sur les hanches.	☐	☐
3. Elle balance la tête de gauche à droite pour accentuer *quand même*.	☐	☐
4. Elle ne veut pas entendre les explications de H : elle l'arrête paume levée face à lui.	☐	☐

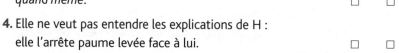 LIRE et JOUER

À deux. Lisez à voix haute la transcription de la séquence 3. Tentez de restituer les gestes et les expressions repérés lors du visionnage.

> **F** – Ah, *quand même* !
> **H** – Écoute…
> **F** – Non, c'est pas la peine, je connais la chanson.

CRÉER

❶ À deux.

a. Imaginez ensemble le contexte de la séquence 3 : lieu, moment, relation entre les deux personnages...

b. Étoffez la séquence avec deux ou trois répliques **en amont** puis **en aval**.

c. Jouez votre scène devant les autres étudiants.

Exemple :

a. Contexte : dans la rue, une femme attend près d'un kiosque à journaux. Elle paraît excédée.

b.   F – Non mais c'est pas vrai ! Mais qu'est-ce qu'il fout ? Je vais craquer... Ah, *quand même* !

     H – Écoute…

     F – Non, c'est pas la peine, je connais la chanson.

     H – Cette fois, c'est vraiment pas de ma faute...

     F – Oui, oui, tu me raconteras ça plus tard. Allez, viens, on est déjà assez en retard...

❷ À deux.

a. Lisez le dialogue suivant puis répondez.

A – Quand même !... Le traiter comme ça, après vingt ans de boîte !
B – Ils n'ont pas de cœur !

	Vrai	Faux
1. Une *boîte* est un mot familier pour désigner une *entreprise*.	☐	☐
2. A est indigné(e) par le traitement dont a été victime l'employé de cette entreprise.	☐	☐
3. Au moment de dire « Quand même ! », A peut exprimer son indignation par un mouvement transversal de la tête de gauche à droite.	☐	☐
4. B n'est pas vraiment choqué(e) par la situation rapportée par A.	☐	☐

b. Étoffez le dialogue avec deux ou trois répliques **en amont** puis en aval.

c. Jouez votre scène devant les autres étudiants.

 ## COMPARER

Visionnez *Revoir le geste* de la séquence 3.

Dans un même contexte, les locuteurs de votre langue maternelle :

☐ **1.** ne produiraient aucun geste.

☐ **2.** produiraient un geste identique.

☐ **3.** produiraient un geste légèrement différent. (Effectuez ce geste.)

☐ **4.** produiraient un geste différent. (Effectuez ce geste.)

> ❯ Dans la conversation, le locuteur peut exprimer par l'emploi de *quand même* ses réactions affectives (indignation, révolte, colère...) à des situations ou à des comportements. La gestuelle dépend alors de la situation et des sentiments du locuteur.

À RETENIR

• *Quand même* est très fréquent en français. Dans la conversation, le locuteur peut exprimer par son emploi ses réactions affectives (indignation, révolte, colère...) à des situations ou à des comportements. Il peut aussi, avec *quand même*, avancer un contre-argument ou présenter un point de vue différent, après avoir marqué un accord provisoire avec son interlocuteur. Exemple de contre-argument : « Oui, je suis d'accord avec toi, Paul est un type brillant, mais quand même brouillon. » Exemple de point de vue différent : « Rémy, t'as raison, il a un poil dans la main, mais il est quand même mignon ! »

Dictionnaire des étudiants étrangers de Besançon

• « On a appris dans ma classe d'oral une expression très importante : *quand même*. Les Français l'emploient souvent et c'est une locution très utile dans les relations sociales pour exprimer les sentiments. Maintenant, quand quelqu'un dit ça, je comprends mieux ce qu'il veut dire. Et moi aussi, je peux dire *quand même* à l'oral. Ma professeure de journal en ligne utilise beaucoup cette expression : je la reconnais et la comprends tout de suite. J'ai dit il n'y a pas longtemps à mon amie française : "Ça, c'est quand même incroyable !" (à propos de quelque chose que j'avais vu dans la rue). Elle m'a dit que j'avais bien amélioré mon français. »

Journal d'une étudiante de D. Dromard-Montredon, CLA de Besançon

En fait

VISIONNER

❶ Visionnez la séquence 1.

❷ Lisez les affirmations ci-dessous. Revisionnez la séquence 1 puis dites si c'est vrai ou faux.

	Vrai	Faux
1. H n'est pas surpris d'apprendre que son jeune ami habite un beau quartier de Paris.	☐	☐
2. JH confirme qu'il habite bien ce quartier mais il apporte une rectification.	☐	☐
3. Il exprime gestuellement cette rectification par le regard et un geste de la tête.	☐	☐
4. H exprime sa compréhension de la situation par un hochement répété de la tête.	☐	☐

📖 LIRE et JOUER

À deux. Lisez à voix haute la transcription de la séquence 1. Tentez de restituer les gestes et les expressions repérés lors du visionnage.

> **H** – Dis donc, tu habites rue Washington, à côté de l'Arc de Triomphe !
> **JH** – Oui, mais *en fait* j'habite une chambre de bonne au dernier étage.

19

⚙ CRÉER

❶ À deux.

a. Imaginez ensemble le contexte de la séquence 1 : lieu, moment, relation entre les deux personnages...

b. Étoffez la séquence avec deux ou trois répliques **en aval**.

c. Jouez votre scène devant les autres étudiants.

Exemple :

a. Contexte : H a fait récemment la connaissance de JH à la fac où il a repris des études de droit. Il vient d'apprendre que JH habite dans l'un des quartiers les plus chics de Paris.

b.
H – Dis donc, tu habites rue Washington, à côté de l'Arc de Triomphe !

JH – Oui, mais *en fait* j'habite une chambre de bonne au dernier étage.

H – Ah c'est ça... Je comprends maintenant.

JH – Qu'est-ce que tu allais imaginer ? Que mes parents étaient pleins aux as ? Je suis boursier, tu sais...

Plein aux as (fam.) : très riche.

❷ À deux.

a. Lisez le dialogue suivant puis dites si c'est vrai ou faux.

A – Tu as fait tes études à Louis le Grand ! C'est le top. Tes parents avaient de l'ambition pour toi !

B – C'est pas ça, en fait ils habitaient le quartier, tout simplement.

Le top (fam.) : ce qu'il y a de plus haut, de mieux.

La

	Vrai	Faux
1. Louis le Grand est un lycée prestigieux.	☐	☐
2. A peut exprimer son étonnement par la mimique suivante : yeux agrandis et sourcils surélevés.	☐	☐
3. « En fait ils habitaient le quartier » : un mouvement latéral de la tête peut sous-entendre qu'il n'y a pas d'autre explication.	☐	☐
4. Les parents de B s'étaient installés intentionnellement dans ce quartier.	☐	☐

b. Étoffez le dialogue avec deux ou trois répliques **en amont** puis **en aval**.

c. Jouez votre scène devant les autres étudiants.

COMPARER

Visionnez *Revoir le geste* de la séquence 1.

Dans un même contexte, les locuteurs de votre langue maternelle :

☐ **1.** ne produiraient aucun geste.

☐ **2.** produiraient un geste identique.

☐ **3.** produiraient un geste légèrement différent. (Effectuez ce geste.)

☐ **4.** produiraient un geste différent. (Effectuez ce geste.)

> Avec *en fait*, le locuteur précise, rectifie.

.... **Séquence ❷** ....

🄰 VISIONNER

❶ Visionnez la séquence 2.

❷ Lisez les affirmations ci-dessous. Revisionnez la séquence 2 puis dites si c'est vrai ou faux.

	Vrai	Faux
1. JF est indignée par le comportement de son ami.	☐	☐
2. C'est par un abaissement répété de la tête que JF insiste sur la réalité des faits.	☐	☐
3. JH hausse exagérément les épaules pour exprimer son impuissance.	☐	☐
4. JF accepte sans problème l'explication de JH.	☐	☐

LIRE et JOUER

À deux. Lisez à voix haute la transcription de la séquence 2. Tentez de restituer les gestes et les expressions repérés lors du visionnage.

> **JF** – *En fait,* tu étais au courant et tu m'as rien dit !
> **JH** – C'était pas facile.
> **JF** – Quand même !

CRÉER

❶ À deux.

a. Imaginez ensemble le contexte de la séquence 2 : lieu, moment, relation entre les deux personnages...

b. Étoffez la séquence avec deux ou trois répliques **en amont** puis **en aval**.

c. Jouez votre scène devant les autres étudiants.

Exemple :

> **a.** Contexte : JF vient d'apprendre que son ex-petit copain, dont elle vient juste de se séparer, sort maintenant avec l'une de ses meilleures amies.

b.
> JF – C'est vrai ce qu'on raconte ?
> JH – Je voulais t'en parler mais…
> JF – *En fait,* tu étais au courant et tu m'as rien dit.
> JH – C'était pas facile.
> JF – Quand même !
> JH – Tu vois comme tu réagis...
> JF – Y a de quoi, tu crois pas ?

❷ À deux.

a. Lisez le dialogue suivant puis dites si c'est vrai ou faux.

A – Et là, boum, elle m'a dit qu'elle aimait bien sortir avec moi en copain mais qu'elle ne voyait pas plus loin. Et moi qui étais sûr qu'elle flashait sur moi !

B – En fait, tu t'étais fait tout un film !

A – Oui, et je suis tombé de haut.

> • **Boum,** *onomat.* : bruit de ce qui tombe, explose. Dans le contexte, c'est une mauvaise nouvelle qui tombe sur la tête de A.
> • **Flasher sur,** *verbe intransitif (fam.)* : être très attiré par quelqu'un, avoir un coup de foudre pour quelqu'un.

• **Se faire un film**, *loc. verb. (fam.)* : « J'étais dans un café où je parlais avec une bonne copine. Tout d'un coup, elle a dit qu'elle voulait plus qu'une amitié avec moi ! Elle a dit qu'elle avait pensé à ce qu'on avait fait ensemble et *qu'elle s'était fait un film*. Je n'ai pas osé demander tout de suite le sens de cette expression, étant donné que le moment était plus important pour elle que pour moi. Cependant, après je lui ai demandé le sens et elle m'a dit qu'elle avait imaginé notre relation comme dans un film. »

Ou plutôt : qu'elle avait imaginé toute une histoire possible, tout un roman, qu'elle avait décollé du réel.

Dictionnaire des étudiants étrangers de Besançon

	Vrai	Faux
1. L'amie de A lui a dit qu'elle était folle de lui.	☐	☐
2. A s'était fait des illusions sur les sentiments de son amie.	☐	☐
3. Gestuellement, B peut confirmer cette réalité par un abaissement répété de la tête	☐	☐
4. B pense que A a fait preuve de trop d'imagination.	☐	☐

b. Étoffez le dialogue avec deux ou trois répliques **en amont** puis **en aval**.

c. Jouez votre scène devant les autres étudiants.

COMPARER

Visionnez *Revoir le geste* de la séquence 2.

Dans un même contexte, les locuteurs de votre langue maternelle :

☐ **1.** ne produiraient aucun geste.

☐ **2.** produiraient un geste identique.

☐ **3.** produiraient un geste légèrement différent. (Effectuez ce geste.)

☐ **4.** produiraient un geste différent. (Effectuez ce geste.)

> Avec *en fait*, le locuteur rétablit ou confirme le réel.

À RETENIR

Avec *en fait*, à l'oral comme à l'écrit, le locuteur précise, rectifie, dit ou rétablit le réel ou même le vrai (selon lui), à propos d'une situation ou d'un événement.

Autres usages

On ajoute souvent *en fait* à l'oral, avant de commencer à parler, au milieu de la conversation, ou bien à la fin. *En fait* n'a pas vraiment de sens particulier. D'ailleurs, il sert aussi de lien dans la conversation, comme « ben… », après une question par exemple, pour commencer une réponse. On peut s'en servir aussi quand on est à court d'arguments, quand on veut se justifier (*En fait* ce n'est pas moi, mais…), quand on veut expliquer quelque chose.

Un autre avantage d'*en fait*, c'est que, lorsqu'on l'utilise, on peut chercher les mots qui vont suivre.

Dictionnaire des étudiants étrangers de Besançon

Pourtant

VISIONNER

❶ Visionnez la séquence.

❷ Lisez les affirmations ci-dessous. Revisionnez la séquence puis dites si c'est vrai ou faux.

	Vrai	Faux
1. F juge durement l'œuvre qu'elle vient de réaliser.	☐	☐
2. H tente de la rassurer.	☐	☐
3. Il avance la main paume vers le haut pour montrer le fait que la qualité du travail de F est évidente pour lui.	☐	☐
4. Le visage de F se détend peu à peu.	☐	☐

 ## LIRE et JOUER

À deux. Lisez à voix haute la transcription de la séquence. Tentez de restituer les gestes et les expressions repérés lors du visionnage.

> **F** – Je trouve ça affreux.
> **H** – *Pourtant*, c'est bien.
> **F** – Je vais le détruire.
> **H** – Je te dis que c'est bien.
> **F** – T'es pas assez objectif.
> **H** – *Pourtant*, d'habitude, t'as confiance en moi.
> **F** – Oui, mais là excuse-moi, tu te plantes !

Se planter, *verbe pronominal (fam.)* : se tromper.

CRÉER

❶ À deux.

a. Imaginez ensemble le contexte de la séquence : lieu, moment, relation entre les deux personnages...

b. Étoffez la séquence avec deux ou trois répliques **en amont** puis **en aval**.

c. Jouez votre scène devant les autres étudiants.

Exemple :

a. Contexte : une peintre devant son œuvre de la veille. C'est une personnalité angoissée, peu sûre d'elle malgré le succès de sa dernière exposition. Son compagnon, agent d'assurances, la rassure en permanence sur son talent. Il a lui-même une bonne connaissance de la peinture. Ses jugements sont fondés.

b.
F – Alors, ton avis ?
H – C'est bon, c'est très bon même !
F – Je trouve ça affreux.
H – *Pourtant*, c'est bien.
F – Je vais le détruire.
H – Je te dis que c'est bien.
F – T'es pas assez objectif.
H – *Pourtant*, d'habitude, t'as confiance en moi.
F – Oui, mais là excuse-moi, tu te plantes !
H – Qu'est-ce que tu veux que je dise ? Que c'est mauvais ? Je ne peux pas.

❷ À deux.

a. Lisez le dialogue suivant puis dites si c'est vrai ou faux.

A – Paul ? Il a échoué à son examen.
B – Il a pourtant beaucoup travaillé.
A – Oui... Je comprends pas.

	Vrai	Faux
1. L'échec de Paul était attendu.	☐	☐
2. B peut avancer la main paume ouverte pour montrer le fait que Paul a beaucoup travaillé.	☐	☐
3. A et B partagent la même déception.	☐	☐
4. A peut exprimer son incompréhension par un secouement latéral répété de la tête : « Je comprends pas. »	☐	☐

b. Étoffez le dialogue avec deux ou trois répliques **en amont** puis **en aval**.

c. Jouez votre scène devant les autres étudiants.

COMPARER

Visionnez *Revoir le geste*.

Dans un même contexte, les locuteurs de votre langue maternelle :

☐ **1.** ne produiraient aucun geste.

☐ **2.** produiraient un geste identique.

☐ **3.** produiraient un geste légèrement différent. (Effectuez ce geste.)

☐ **4.** produiraient un geste différent. (Effectuez ce geste.)

À RETENIR

Avec *pourtant*, le locuteur juge anormal, incompréhensible ou même bizarre un jugement ou un événement par rapport à ce qu'on pouvait logiquement attendre.

Un vélo a été volé, il était pourtant attaché avec un cadenas (*locker*), soyez prudent.

Note affichée à l'entrée du Centre de Linguistique Appliquée de Besançon

Généralement, quand on attache son vélo avec un cadenas, on le retrouve.

Donc

VISIONNER

❶ Visionnez la séquence.

❷ Lisez les affirmations ci-dessous. Revisionnez la séquence puis dites si c'est vrai ou faux.

	Vrai	Faux
1. JF n'a jamais mis les pieds au Japon.	☐	☐
2. L'attention de JH a peut-être été attirée par les livres que JF porte.	☐	☐
3. En avançant les mains paumes ouvertes, JH présente la conséquence logique : « Donc tu parles japonais. »	☐	☐
4. JF projette la tête en avant pour insister sur la raison pour laquelle elle ne parle pas japonais.	☐	☐

LIRE et JOUER

À deux. Lisez à voix haute la transcription de la séquence. Tentez de restituer les gestes et les expressions repérés lors du visionnage.

> **JH** – Tu as l'air de beaucoup t'intéresser au Japon ?
> **JF** – J'y ai passé mon enfance.
> **JH** – *Donc* tu parles japonais.
> **JF** – Ben non, tu vois, mes parents m'ont mise au lycée français.
> **JH** – Ah !...

5

 CRÉER

❶ À deux.

a. Imaginez ensemble le contexte de la séquence : lieu, moment, relation entre les deux personnages...

b. Étoffez la séquence avec deux ou trois répliques **en aval**.

c. Jouez votre scène devant les autres étudiants.

Exemple :

a. Contexte : deux étudiants sortent de la bibliothèque universitaire. JF a emprunté des livres sur le Japon. JH est intrigué par les lectures de JF. Lui aussi, il est fasciné par le Japon.

b.
JH – Tu as l'air de beaucoup t'intéresser au Japon ?
JF – J'y ai passé mon enfance.
JH – *Donc* tu parles japonais.
JF – Ben non, tu vois, mes parents m'ont mise au lycée français.
JH – Ah !... **Mais pourquoi ils t'ont pas envoyée à l'école japonaise ?**
JF – **Ils n'y ont même pas pensé, figure-toi !**

❷ À deux.

a. Lisez le dialogue suivant puis dites si c'est vrai ou faux.

A – Tu viens bien avec Barbara ?

B – Bien sûr. Et avec sa copine.

A – Donc, avec ma femme et moi, ça fera cinq...

B – Y a un problème ?

	Vrai	Faux
1. A veut s'assurer de la présence de Barbara à la soirée prévue.	☐	☐
2. A peut lever les sourcils et abaisser la tête pour demander confirmation.	☐	☐
3. B peut ouvrir une ou deux paume(s) pour présenter la conséquence logique.	☐	☐
4. B juge la remarque de A sans ambiguïté.	☐	☐

b. Étoffez le dialogue avec deux ou trois répliques **en aval**.

c. Jouez votre scène devant les autres étudiants.

COMPARER

Visionnez *Revoir le geste*.

Dans un même contexte, les locuteurs de votre langue maternelle :

☐ **1.** ne produiraient aucun geste.

☐ **2.** produiraient un geste identique.

☐ **3.** produiraient un geste légèrement différent. (Effectuez ce geste.)

☐ **4.** produiraient un geste différent. (Effectuez ce geste.)

À RETENIR

La fonction du connecteur *donc* est d'annoncer une proposition dont le contenu est une conclusion impliquée, comme cela apparaît clairement dans la séquence filmée de cette unité : si quelqu'un a passé son enfance au Japon, on peut penser qu'il parle japonais. De même dans le dialogue écrit, du fait de la présence de trois autres personnes, A tire la conclusion : *donc* ça fera cinq.

Autres usages

« J'ai remarqué dans la vidéo d'un jeune homme qui travaille à la médiathèque de l'université et qu'on nous a présentée en cours, que ce jeune homme mettait souvent *donc* au milieu de ses phrases lorsqu'il était en train de réfléchir à ce qu'il allait dire ensuite. *Donc*, c'est un peu un mot qu'on utilise quand on n'est pas exactement sûr de ce qu'on va dire ensuite, mais qui permet de retenir l'attention de l'autre. On l'utilise aussi au début d'une réponse ou d'une phrase sans avoir rien dit avant. »

➔ Dans la vidéo évoquée, le locuteur utilise parfois *donc* alors qu'il semble hésiter sur la suite de son discours (*donc* est alors suivi de *heu*), mais surtout, avec cette conjonction, il récapitule les séquences de la journée qu'il décrit et rythme le récit qu'il en fait.

« J'ai remarqué dans la vidéo d'une jeune femme qui fait des études de médecine, et qu'on nous a montrée en cours, qu'elle avait utilisé le mot *donc* avant de se présenter. Cela ne change pas le sens de la phrase mais c'est un truc que beaucoup de Français utilisent. D'ailleurs récemment, dans une réunion où les personnes se rencontraient pour la première fois, j'ai bien noté que pour se présenter tout le monde disait "Donc, moi c'est...". Bien sûr tous les étrangers disent "Je m'appelle...", mais il me semble que c'est plus courant de dire "Donc, moi c'est...", avant de dire son nom. »

➔ « Vous m'avez posé une question pour savoir qui je suis, donc je vous réponds », c'est ainsi qu'on peut expliquer cet usage de *donc*, surtout chez les jeunes en contexte familier, puisque cette conjonction sert à amener une conséquence.

Dictionnaire des étudiants étrangers de Besançon

Par groupes de 3 ou 4 étudiant(e)s

Vous êtes deux ami(e)s dans un café du centre-ville qui vous sert habituellement de lieu de rendez-vous. Vous attendez une troisième personne qui est très en retard : vous vous en étonnez. Cette personne arrive enfin, s'explique... Vous croyez plus ou moins à ses explications.

Vous aviez décidé de passer la soirée chez l'un(e) d'entre vous à regarder un DVD, mais vous devez à présent vous mettre d'accord sur le film que vous allez louer (bien évidemment, vous avez des goûts très différents). Chacun(e) va exprimer ses préférences et tenter de convaincre les autres.

▶ N'oubliez pas d'utiliser les gestes et paroles de l'argumentation conversationnelle appris récemment et de glisser dans vos répliques, selon vos besoins : *au fait, quand même, en fait, pourtant, donc.*

▶ Chaque participant(e) doit prendre un temps de parole égal.

▶ Après le jeu de rôle, complétez la grille d'autoévaluation.

Autoévaluation ❶

A = satisfait   **B** = plutôt satisfait   **C** = à améliorer

❶ Piste interactionnelle (les échanges)   **A B C**

- Respect des usages sociaux et des registres de langue
  selon la situation (tutoiement, vouvoiement, formules
  de politesse, etc.)..☐ ☐ ☐

- Lexique approprié...☐ ☐ ☐

- Maîtrise de la syntaxe..☐ ☐ ☐

- Présence des connecteurs exigés par la situation avec
  ou sans geste approprié ....☐ ☐ ☐

❷ Piste dramaturgique (le jeu théâtral)

- Articulation et modulation de la voix ; présence du geste
  co-verbal ; contribution à l'évolution du scénario.........................☐ ☐ ☐

- Concentration sur le jeu théâtral ....☐ ☐ ☐

❸ Piste d'autocontrôle (conscience de la production langagière)

- Autocorrections...☐ ☐ ☐

- Appels aux autres partenaires (manque de lexique ou oubli
  du scénario), utilisation de gestes de substitution en cas de
  blocage linguistique ou de gestes et mimiques autocritiques ....☐ ☐ ☐

- Silences cognitifs (recherche de lexique ou d'une construction) ....☐ ☐ ☐

Autres commentaires : . . . .

. . . .

. . . .

Alors

🔵 VISIONNER

❶ Visionnez la séquence 1.

❷ Lisez les affirmations ci-dessous. Revisionnez la séquence 1 puis dites si c'est vrai ou faux.

	Vrai	Faux
1. JF ne veut pas d'une relation amoureuse avec Sébastien.	☐	☐
2. Paumes offertes, F avance une solution au problème de son amie.	☐	☐
3. JF est prête à mettre en jeu son amitié avec Sébastien.	☐	☐
4. JF traduit son refus en se rétractant corporellement.	☐	☐

📖 LIRE et JOUER

À deux. Lisez à voix haute la transcription de la séquence 1. Tentez de restituer les gestes et les expressions repérés lors du visionnage.

> **JF** – Je crois que Sébastien se fait des illusions. Pour moi c'est juste un ami. Je veux pas aller plus loin.
>
> **F** – *Alors* dis-lui !
>
> **JF** – Oui, mais j'ai pas envie de tout gâcher, tu comprends.

CRÉER

1 À deux.

a. Imaginez ensemble le contexte de la séquence 1 : lieu, moment, relation entre les deux personnages...

b. Étoffez la séquence avec deux ou trois répliques **en amont** puis **en aval**.

c. Jouez votre scène devant les autres étudiants.

Exemple :

a. Contexte : deux amies qui se confient souvent l'une à l'autre discutent dans un café. JF n'est pas amoureuse de Sébastien mais elle apprécie beaucoup sa compagnie. Il a de l'humour et il est cinéphile comme elle. En lui parlant franchement, elle risque de détruire leur relation car c'est un garçon très sensible.

b.
F – Tu vas au festival du film asiatique de Vesoul cette année ?

JF – Oui, avec Sébastien, il y tient beaucoup.

F – Où tu en es avec lui, au fait ?

JF – Je crois qu'il se fait des illusions. Pour moi c'est juste un ami. Je veux pas aller plus loin.

F – *Alors* dis-lui !

JF – Oui, mais j'ai pas envie de tout gâcher, tu comprends.

F – Tu peux pas continuer comme ça. Il finira par penser que tu l'as mené en bateau.

JF – C'est bien de ça que j'ai peur...

❷ À deux.

a. Lisez le dialogue suivant puis dites si c'est vrai ou faux.

A – Alors, tu t'es présenté pour le poste ?

B – Oui, mais c'est au-dessous de mes qualifications, par contre c'est bien payé.

A – Alors, tente le coup !

B – Je crois que tu as raison. En ce moment, je peux pas faire le difficile.

	Vrai	Faux
1. B est à la recherche d'un emploi.	☐	☐
2. Le poste en question lui convient parfaitement.	☐	☐
3. A peut avancer les deux mains, paumes ouvertes, pour encourager son ami à accepter le poste.	☐	☐
4. B se range au conseil de son ami(e).	☐	☐

b. Étoffez le dialogue avec deux ou trois répliques **en amont** puis **en aval.**

c. Jouez votre scène devant les autres étudiants.

COMPARER

Visionnez *Revoir le geste* de la séquence 1.

Dans un même contexte, les locuteurs de votre langue maternelle :

☐ **1.** ne produiraient aucun geste.

☐ **2.** produiraient un geste identique.

☐ **3.** produiraient un geste légèrement différent. (Effectuez ce geste.)

☐ **4.** produiraient un geste différent. (Effectuez ce geste.)

> Avec *alors*, le locuteur peut tirer la conséquence logique d'une situation ou d'un événement.

6

Séquence ❷

🎦 VISIONNER

❶ Visionnez la séquence 2.

❷ Lisez les affirmations ci-dessous. Revisionnez la séquence 2 puis dites si c'est vrai ou faux.

	Vrai	Faux
1. Une nouvelle colocataire s'est installée chez JF.	☐	☐
2. Menton relevé en avant, F l'interpelle sur ce changement : « Alors ? »	☐	☐
3. Selon JF, la nouvelle colocataire est une dilettante.	☐	☐
4. Par un mouvement de la tête sur le côté, JF marque sa réserve à propos de sa colocataire : « mais c'est une bosseuse ».	☐	☐

📖 LIRE et JOUER

À deux. Lisez à voix haute la transcription de la séquence 2. Tentez de restituer les gestes et les expressions repérés lors du visionnage.

> **F** – *Alors ?* Comment ça se passe avec ta nouvelle colocataire ?
> **JF** – Pas mal, mais c'est une bosseuse.
> **F** – Et alors ? C'est plutôt stimulant, non ?
> **JF** – Si on veut...

CRÉER

❶ À deux.

a. Imaginez ensemble le contexte de la séquence 2 : lieu, moment, relation entre les deux personnages...

b. Étoffez la séquence avec deux ou trois répliques **en aval**.

c. Jouez votre scène devant les autres étudiants.

Exemple :

a. Contexte : une étudiante vient d'accueillir une nouvelle colocataire après le départ de la précédente, avec qui elle s'entendait très bien et sortait beaucoup. Elle parle de ce changement avec une amie proche.

b.
F – *Alors ?* Comment ça se passe avec ta nouvelle colocataire ?

JF – Pas mal, mais c'est une bosseuse.

F – Et alors ? C'est plutôt stimulant, non ?

JF – Si on veut...

F – Tu regrettes Lilia ?

JF – Ben, quand j'avais le blues, on sortait ensemble, ça me remontait le moral.

F – T'inquiète pas, quand ça ira pas, tu m'appelleras...

❷ À deux.

a. Lisez le dialogue suivant puis dites si c'est vrai ou faux.

A – Alors, comment ça va, ta fille ?

B – Ben elle est partie en Australie la semaine dernière.

A – Ah bon ?

B – Oui, elle a décroché un contrat de huit mois.

A – Ben dis donc, il faut aller loin pour trouver du travail en ce moment !

	Vrai	Faux
1. A aimerait bien avoir des nouvelles de la fille de B.	☐	☐
2. A peut interpeler B avec le menton relevé en avant : « Alors ? »	☐	☐
3. Le contrat de la fille de B est à durée indéterminée.	☐	☐
4. A peut hocher la tête à plusieurs reprises pour souligner la difficulté de trouver un travail à l'heure actuelle.	☐	☐

b. Étoffez le dialogue avec deux ou trois répliques en aval.

c. Jouez votre scène devant les autres étudiants.

↔ COMPARER

Visionnez *Revoir le geste* de la séquence 2.

Dans un même contexte, les locuteurs de votre langue maternelle :

☐ **1.** ne produiraient aucun geste.

☐ **2.** produiraient un geste identique.

☐ **3.** produiraient un geste légèrement différent. (Effectuez ce geste.)

☐ **4.** produiraient un geste différent. (Effectuez ce geste.)

> ❯ Avec *alors*, le locuteur peut interpeller son interlocuteur sous la forme d'une interrogation. L'emploi de *et alors ?* ajoute une nuance teintée de provocation.

.... Séquence 3 ....

VISIONNER

❶ Visionnez la séquence 3.

❷ Lisez les affirmations ci-dessous. Revisionnez la séquence 3 puis dites si c'est vrai ou faux.

	Vrai	Faux
1. H souffre beaucoup de devoir travailler et vivre à Paris.	☐	☐
2. Avec un haussement d'épaules, JH suggère à H une solution évidente à son problème.	☐	☐
3. Main levée, paume concave, H s'oppose à cette solution.	☐	☐
4. Selon H, Laura accepterait facilement de le suivre en province.	☐	☐

LIRE et JOUER

À deux. Lisez à voix haute la transcription de la séquence 3. Tentez de restituer les gestes et les expressions repérés lors du visionnage.

> H – Je peux plus supporter Paris.
> JH – Fais-toi muter en province...
> H – *Alors là*, on voit que tu connais pas Laura !

CRÉER

❶ À deux.

a. Imaginez ensemble le contexte de la séquence 3 : lieu, moment, relation entre les deux personnages...

b. Étoffez la séquence avec deux ou trois répliques **en amont** puis **en aval.**

c. Jouez votre scène devant les autres étudiants.

Exemple :

a. Contexte : H est cadre dans une grande entreprise à Paris qui a des filiales en province. Il est fatigué des embouteillages, des grèves de transport et surtout de la pollution qui l'affecte. Il n'est pas question pour sa femme, parisienne de naissance, de vivre ailleurs. C'est une personne très déterminée. JH, avec qui il discute souvent à la cafétéria, est plus jeune que lui et célibataire.

b. JH – Je suis encore arrivé en retard ce matin : un arrêt de travail sur le RER A.

H – **Moi, c'était hier.** Je peux plus supporter Paris.

JH – Fais-toi muter en province...

H – *Alors là,* on voit que tu connais pas Laura !

JH – **Elle est si attachée que ça à Paris ?**

H – **Elle est parisienne depuis trois générations. Elle bougera jamais d'ici.**

❷ À deux.

a. Lisez le dialogue suivant puis dites si c'est vrai ou faux.

A – Alain t'aidera à déménager...

B – Alors là !... T'as pas une meilleure idée ?

A – Pourquoi ? Il est sympa, non ?

B – Alain n'est jamais libre.

	Vrai	Faux
1. A ne peut pas aider son ami(e) dans son déménagement.	☐	☐
2. A peut présenter la solution qu'il/elle propose en avançant une ou deux mains paume(s) ouverte(s).	☐	☐
3. B peut écarter cette solution main levée, paume concave.	☐	☐
4. Selon B, Alain se tient toujours à la disposition de ses amis.	☐	☐

b. Étoffez le dialogue avec deux ou trois répliques **en amont** puis **en aval**.

c. Jouez votre scène devant les autres étudiants.

 **COMPARER**

Visionnez *Revoir le geste* de la séquence 3.

Dans un même contexte, les locuteurs de votre langue maternelle :

☐ **1.** ne produiraient aucun geste.

☐ **2.** produiraient un geste identique.

☐ **3.** produiraient un geste légèrement différent. (Effectuez ce geste.)

☐ **4.** produiraient un geste différent. (Effectuez ce geste.)

➲ Avec *alors là*, le locuteur peut exprimer une réaction affective immédiate de rejet à une proposition de son interlocuteur.

À RETENIR

Alors peut exprimer un lien logique de conséquence lié à la situation (*Alors dis-lui !*). Interrogatif, il permet d'interpeller l'interlocuteur sur des événements actuels ou récents (*Alors ? Comment ça se passe avec ta nouvelle colocataire ?*). Enfin, il permet également d'exprimer des réactions affectives immédiates d'indignation ou de refus (*Alors là !*). À noter qu'*alors là* peut être suivi d'un coup de glotte (son produit par une fermeture momentanée du larynx ou du pharynx par rapprochement des cordes vocales). En français, le coup de glotte exprime toujours un sous-entendu négatif.

⚠ Autres usages

« Récemment, j'ai remarqué l'expression *et alors*. Je racontais une histoire d'enfance à mon amie et, comme je m'étais arrêté, elle a dit : "Et alors ?" Dans le bus, deux Français parlaient. L'un a dit : "La dernière fois, il a gagné le championnat de karaté", l'autre a répondu : "Et alors !" »

➤ Dans cette dernière situation, le locuteur peut exprimer, selon le contexte de la conversation, que cela ne prouve rien, ou que ce que dit son interlocuteur le laisse indifférent. Dans le premier cas, par « Et alors ? », le locuteur presse le narrateur de continuer.

« Un autre exemple : un Français m'a demandé : "Qu'est-ce que tu vas faire après tes études ?" J'ai répondu : "Je sais pas. Je sais pas ce que je veux faire." Il a dit : "Mais il faudra que tu trouves un travail quand tu rentreras. Tu as quand même une idée !" Après un moment de réflexion, j'ai répondu : "Je voudrais travailler dans une maison d'édition, si c'est possible." Il a répliqué tout de suite : "Ben alors !"
Et l'autre jour, avant l'examen de grammaire, je lui ai dit : "J'ai peur du contrôle." Il m'a dit : "Ça ira, parce que tu as beaucoup travaillé, non ?" J'ai répondu : "Oui, mais…" "Ben alors !" a-t-il alors ajouté. D'après ces deux exemples, *alors* avec *ben* peut s'employer quand ce qu'on a dit d'abord est juste alors que l'autre l'a contesté. »

➤ Dans le premier exemple, l'ami aurait pu aussi bien dire : « Ben tu vois ! » Dans le deuxième exemple, l'ami aurait pu compléter son énoncé pour le rendre plus explicite : « Ben alors, pourquoi tu t'en fais ? » ou « Ben alors, pourquoi tu t'inquiètes ? »

Dictionnaire des étudiants étrangers de Besançon

Du coup

VISIONNER

❶ Visionnez la séquence.

❷ Lisez les affirmations ci-dessous. Revisionnez la séquence puis dites si c'est vrai ou faux.

	Vrai	Faux
1. H s'informe du résultat de la crise traversée par un couple d'amis.	☐	☐
2. Selon JH, le couple en question se sépare.	☐	☐
3. Par un mouvement de la tête sur le côté gauche, JH figure le mouvement de retour rapide à la situation précédente.	☐	☐
4. Ce chassé-croisé amoureux les fait franchement rire tous les deux.	☐	☐

 LIRE et JOUER

À deux. Lisez à voix haute la transcription de la séquence. Tentez de restituer les gestes et les expressions repérés lors du visionnage.

> **H** – Résultat des courses ?
> **JH** – Ils se remettent ensemble.
> **H** – Et Élodie ?
> **JH** – *Du coup*, elle retourne avec Quentin.
> **H** – Remarque, tu veux que je te dise : je m'y attendais !

💡 CRÉER

❶ À deux.

a. Imaginez ensemble le contexte de la séquence : lieu, moment, relation entre les deux personnages...

b. Étoffez la séquence avec deux ou trois répliques **en amont** puis **en aval.**

c. Jouez votre scène devant les autres étudiants.

Exemple :

a. Contexte : à la pause-café, deux célibataires commentent les péripéties sentimentales et plutôt amusantes de deux couples d'amis.

b.
JH – Marie et Adrien se sont donné du temps, mais ils ont enfin pris une décision.
H – Résultat des courses ?
JH – Ils se remettent ensemble.
H – Et Élodie ?
JH – *Du coup,* elle retourne avec Quentin.
H – Remarque, tu veux que je te dise : je m'y attendais !
JH – En fait, j'ai toujours pensé qu'elle aurait pas dû quitter Quentin.
H – Tu as raison, c'est un type fait pour elle !

❷ À deux.

a. Lisez le dialogue suivant puis dites si c'est vrai ou faux.

A – Je les ai laissés à Marc trois jours. Tu peux imaginer ce qui s'est passé : les enfants ont passé leur temps devant la télé... Du coup, je demanderai à ma mère de venir la prochaine fois.
B – Mais tu me disais qu'elle était très occupée avec ses associations...
A – Je la préviendrai longtemps à l'avance !

	Vrai	Faux
1. Le comportement de Marc a été exemplaire.	☐	☐
2. A peut relever le menton en avant pour dire ce qu'elle compte faire à l'avenir.	☐	☐
3. B soulève une objection à la décision de A.	☐	☐
4. A peut par un hochement répété de la tête montrer qu'elle est consciente du fait que sa mère est très occupée.	☐	☐

b. Étoffez le dialogue avec deux ou trois répliques **en amont** puis en aval.

c. Jouez votre scène devant les autres étudiants.

↩ COMPARER

Visionnez *Revoir le geste*.

Dans un même contexte, les locuteurs de votre langue maternelle :

☐ **1.** ne produiraient aucun geste.

☐ **2.** produiraient un geste identique.

☐ **3.** produiraient un geste légèrement différent. (Effectuez ce geste.)

☐ **4.** produiraient un geste différent. (Effectuez ce geste.)

À RETENIR

Du coup est un connecteur de conséquence précis et situationnel. Il annonce une conséquence précipitée par une cause circonstancielle. Il est à mettre en rapport avec le mot *coup* qui renvoie à quelque chose de soudain (voir *tout à coup*, *coup de tête*, *coup de foudre*, *coup de jeune*, *coup de vieux*, etc.).

8 De toute façon

VISIONNER

❶ Visionnez la séquence.

❷ Lisez les affirmations ci-dessous. Revisionnez la séquence puis dites si c'est vrai ou faux.

	Vrai	Faux
1. F accompagne sa suggestion d'un sourire aimable.	☐	☐
2. F et H sortent souvent le soir.	☐	☐
3. H accompagne son refus d'un lent secouement latéral de la tête.	☐	☐
4. F exprime gestuellement la conséquence de l'attitude de H par un mouvement de tête de lassitude.	☐	☐

LIRE et JOUER

À deux. Lisez à voix haute la transcription de la séquence. Tentez de restituer les gestes et les expressions repérés lors du visionnage.

> **F** – Tu sais, les critiques ne sont pas mauvaises.
> **H** – *De toute façon*, j'ai pas l'intention de sortir.
> **F** – Du coup, on va encore regarder la télé…

CRÉER

❶ À deux.

a. Imaginez ensemble le contexte de la séquence : lieu, moment, relation entre les deux personnages...

b. Étoffez la séquence avec deux ou trois répliques **en aval**.

c. Jouez votre scène devant les autres étudiants.

Exemple :

a. Contexte : H a eu une journée difficile à son travail et est de très mauvaise humeur. Sa compagne, qui travaille à mi-temps, est libre quatre après-midi par semaine et aimerait sortir davantage le soir.

b.
F – Tu sais, les critiques ne sont pas mauvaises.
H – *De toute façon*, j'ai pas l'intention de sortir.
F – Du coup, on va encore regarder la télé...
(F ferme son journal, se lève pour quitter la pièce.)
H – Où tu vas ?
F – Je vais lire, je vais pas rester à te regarder zapper.
H – Écoute, j'ai eu une journée difficile. J'ai les nerfs à vif.
F – Ce n'est pas une raison pour être désagréable à ce point.

❷ À deux.

a. Lisez le dialogue suivant puis dites si c'est vrai ou faux.

A – Marc a décidé d'arrêter ses études pour partir en Angleterre, et tu restes comme ça, les bras ballants !

B – De toute façon, y a plus rien à faire.

A – C'est quand même ton fils !

B – Tu peux pas l'empêcher de vivre sa vie et puis il faut pas se couper de lui.

	Vrai	Faux
1. A approuve la décision de son fils.	☐	☐
2. B peut exprimer sa complète impuissance par un secouement latéral de la tête, puis par un haussement des épaules.	☐	☐
3. A peut accentuer *quand même* tout en abaissant fortement la tête.	☐	☐
4. B se résigne devant la décision de son fils.	☐	☐

b. Étoffez le dialogue avec deux ou trois répliques **en aval.**

c. Jouez votre scène devant les autres étudiants.

↔ COMPARER

Visionnez *Revoir le geste*.

Dans un même contexte, les locuteurs de votre langue maternelle :

☐ **1.** ne produiraient aucun geste.

☐ **2.** produiraient un geste identique.

☐ **3.** produiraient un geste légèrement différent. (Effectuez ce geste.)

☐ **4.** produiraient un geste différent. (Effectuez ce geste.)

À RETENIR

Avec *de toute façon*, le locuteur refuse de se laisser entraîner par la prise en compte des propos de son interlocuteur et renforce son point de vue en le plaçant en dehors de toute discussion possible.

Par groupes de 3 ou 4 étudiant(e)s

Dans un supermarché, deux ami(e)s font la queue à une caisse. Ils/Elles parlent de choses et d'autres tout en avançant. L'un(e) (A) n'a pas fait de courses et l'autre (B) a fait quelques achats d'une valeur totale de 15 euros. Au moment de payer, il/elle donne (ou croit donner) un billet de 50 euros. Le caissier ou la caissière lui rend la monnaie sur 20 euros. Il/Elle proteste mais l'employé(e) ne reconnaît pas avoir fait une erreur. Une discussion assez vive s'engage entre eux/elles. Soutenu(e) par A, B en appelle au/à la responsable du supermarché, qui doit trancher.
Jeu de rôle à trois ou à quatre si on inclut le dernier épisode.

▶ N'oubliez pas d'utiliser les gestes et paroles de l'argumentation conversationnelle appris récemment et de glisser dans vos répliques, selon vos besoins : *au fait, quand même, en fait, pourtant, donc, alors, du coup, de toute façon.*

▶ Chaque participant(e) doit prendre un temps de parole égal.

▶ Après le jeu de rôle, complétez la grille d'autoévaluation.

Autoévaluation ❷

A = satisfait   **B** = plutôt satisfait   **C** = à améliorer

❶ Piste interactionnelle (les échanges)   A B C

• Respect des usages sociaux et des registres de langue
  selon la situation (tutoiement, vouvoiement, formules
  de politesse, etc.)..☐ ☐ ☐

• Lexique approprié...☐ ☐ ☐

• Maîtrise de la syntaxe..☐ ☐ ☐

• Présence des connecteurs exigés par la situation avec
  ou sans geste approprié ....☐ ☐ ☐

❷ Piste dramaturgique (le jeu théâtral)

• Articulation et modulation de la voix ; présence du geste
  co-verbal ; contribution à l'évolution du scénario......................☐ ☐ ☐

• Concentration sur le jeu théâtral ....☐ ☐ ☐

❸ Piste d'autocontrôle (conscience de la production langagière)

• Autocorrections...☐ ☐ ☐

• Appels aux autres partenaires (manque de lexique ou oubli
  du scénario), utilisation de gestes de substitution en cas de
  blocage linguistique ou de gestes et mimiques autocritiques ....☐ ☐ ☐

• Silences cognitifs (recherche de lexique ou d'une construction) ....☐ ☐ ☐

Autres commentaires : ....

....

....

En tout cas

VISIONNER

❶ Visionnez la séquence.

❷ Lisez les affirmations ci-dessous. Revisionnez la séquence puis dites si c'est vrai ou faux.

	Vrai	Faux
1. F apprécie peu l'humour du frère de H.	☐	☐
2. H défend mollement son frère.	☐	☐
3. H réagit en penchant la tête sur le côté pour mettre en valeur un autre point de vue sur lequel il insiste.	☐	☐
4. F réagit à la réplique de H par un mouvement de la tête sur le côté et une mimique de scepticisme.	☐	☐

LIRE et JOUER

À deux. Lisez à voix haute la transcription de la séquence. Tentez de restituer les gestes et les expressions repérés lors du visionnage.

> **F** – Il fait toujours les mêmes blagues, ton frère.
> **H** – *En tout cas*, avec lui, on s'ennuie pas !

CRÉER

❶ À deux.

a. Imaginez ensemble le contexte de la séquence : lieu, moment, relation entre les deux personnages...

b. Étoffez la séquence avec deux ou trois répliques **en aval**.

c. Jouez votre scène devant les autres étudiants.

Exemple :

a. Contexte : F et H sont mariés depuis plusieurs années. F n'a pas d'atomes crochus avec le frère de H. La veille, F et H l'ont invité, avec quelques amis. Ce dernier n'a pu se retenir de placer quelques blagues qu'il ressort à chaque occasion, d'où la réaction de F qui en est fatiguée. De plus, elle ne trouve pas ses histoires de très haut niveau.

b.   F – Il fait toujours les mêmes blagues, ton frère.

H – *En tout cas,* avec lui, on s'ennuie pas !

F – Toi peut-être !... Mais les autres sourient ou rient par politesse. Ça me met mal à l'aise.

H – On l'invitera moins, si c'est ça que tu veux !

F – Je n'ai pas dit ça mais tu pourrais lui en parler gentiment...

❷ À deux.

a. Lisez le dialogue suivant puis dites si c'est vrai ou faux.

A – C'est quand même un film dur, éprouvant...

B – En tout cas, c'est à voir...

	Vrai	Faux
1. Le film dont A et B parlent ne les a pas laissé(e)s indifférent(e)s.	☐	☐
2. C'est un film distrayant.	☐	☐
3. A peut appuyer son jugement par un hochement répété de la tête.	☐	☐
4. Paume en avant, B peut s'opposer à l'idée que ce serait un film à éviter.	☐	☐

b. Étoffez le dialogue avec deux ou trois répliques **en aval**.

c. Jouez votre scène devant les autres étudiants.

COMPARER

Visionnez *Revoir le geste*.

Dans un même contexte, les locuteurs de votre langue maternelle :

☐ **1.** ne produiraient aucun geste.

☐ **2.** produiraient un geste identique.

☐ **3.** produiraient un geste légèrement différent. (Effectuez ce geste.)

☐ **4.** produiraient un geste différent. (Effectuez ce geste.)

À RETENIR

Avec *en tout cas*, le locuteur réplique à une affirmation de son inter-locuteur en lui opposant avec assurance un point de vue que ce dernier n'a pas pris en considération (restriction) mais qui ne peut être nié, étant du domaine de la vérité ou de l'évidence. Avec *en tout cas*, le locuteur peut également réagir à un événement, une attitude ou un comportement pour exprimer une prise de position catégorique, en op-position.

10 D'ailleurs

🔊 VISIONNER

❶ Visionnez la séquence 1.

❷ Lisez les affirmations ci-dessous. Revisionnez la séquence 1 puis dites si c'est vrai ou faux.

	Vrai	Faux
1. Éric a volé un livre dans une librairie.	☐	☐
2. Un bouquiniste vend des livres d'occasion.	☐	☐
3. F interpelle JF en avançant l'index d'un geste brusque.	☐	☐
4. Index levé, JF souligne la récidive.	☐	☐

📖 LIRE et JOUER

À deux. Lisez à voix haute la transcription de la séquence 1. Tentez de restituer les gestes et les expressions repérés lors du visionnage.

> **F** – Au fait, tu es au courant ? Éric a été surpris en train de piquer un livre.
>
> **JF** – Je sais, et c'est pas la première fois *d'ailleurs* !
>
> **F** – Justement, le bouquiniste a porté plainte ce coup-ci.

CRÉER

❶ À deux.

a. Imaginez ensemble le contexte de la séquence 1 : lieu, moment, relation entre les deux personnages...

b. Étoffez la séquence avec deux ou trois répliques **en aval**.

c. Jouez votre scène devant les autres étudiants.

Exemple :

a. Contexte : F et JF ont un ami commun, Éric, qui les inquiète par son comportement assez irresponsable. Jusqu'à maintenant, il a eu de la chance, mais cette fois le commerçant a réagi en signalant son vol à la police.

b.　F – Au fait, tu es au courant ? Éric a été surpris en train de piquer un livre.

JF – Je sais, et c'est pas la première fois *d'ailleurs* !

F – Justement, le bouquiniste a porté plainte ce coup-ci.

JF – Il se rend pas compte mais ça pourrait nuire à sa carrière.

F – Il est tout de même pas cleptomane ?

JF – Non, c'est un inconscient !

❷ À deux.

a. Lisez le dialogue suivant puis dites si c'est vrai ou faux.

A – Ça y est, Aurélie, Stéphanie et David sont admis tous les trois à l'agrég.

B – Ça m'étonne pas tellement, ils se sont bien serré les coudes.

A – C'est comme ça d'ailleurs qu'ils avaient réussi le CAPES.

B – Oui, et toujours à Nice.

• **Agrég.** : abréviation d'agrégation. Le concours de l'agrégation est destiné à recruter les professeurs du second degré dans les disciplines faisant l'objet d'un enseignement secondaire. Il s'agit d'un concours de très haut niveau.

• **CAPES** : certificat d'aptitude au professorat de l'enseignement du second degré, qui s'obtient également sur concours. Le taux de réussite y est plus élevé qu'au concours de l'agrégation.

	Vrai	**Faux**
1. Aurélie, Stéphanie et David ont passé avec succès le concours de l'agrégation.	☐	☐
2. Chacun avait préparé ce concours de son côté.	☐	☐
3. En ajoutant son commentaire, A peut avancer la main, index levé.	☐	☐
4. Dans la dernière réplique, B peut hocher plusieurs fois la tête en signe d'assentiment.	☐	☐

b. Étoffez le dialogue avec deux ou trois répliques **en amont** puis en aval.

c. Jouez votre scène devant les autres étudiants.

COMPARER

Visionnez *Revoir le geste* de la séquence 1.

Dans un même contexte, les locuteurs de votre langue maternelle :

☐ **1.** ne produiraient aucun geste.

☐ **2.** produiraient un geste identique.

☐ **3.** produiraient un geste légèrement différent. (Effectuez ce geste.)

☐ **4.** produiraient un geste différent. (Effectuez ce geste.)

❯ Avec *d'ailleurs*, le locuteur peut introduire une remarque, un commentaire, une digression. *D'ailleurs* peut être paraphrasé par « entre parenthèses ». On peut même entendre parfois : « d'ailleurs entre parenthèses ».

Séquence 2

VISIONNER

❶ Visionnez la séquence 2.

❷ Lisez les affirmations ci-dessous. Revisionnez la séquence 2 puis dites si c'est vrai ou faux.

	Vrai	Faux
1. Le couple formé par JF et JH bat de l'aile.	☐	☐
2. JH croit encore à un sursaut.	☐	☐
3. La main de JF avance brusquement vers JH comme pour montrer la preuve qu'elle laisse sous les yeux de son interlocuteur.	☐	☐
4. JH baisse la tête en signe de résignation.	☐	☐

LIRE et JOUER

À deux. Lisez à voix haute la transcription de la séquence 2. Tentez de restituer les gestes et les expressions repérés lors du visionnage.

JH – Tu veux pas qu'on se donne une chance ? On pourrait arrêter de se voir un moment, puis on ferait le point…

JF – Arrête ! On tourne en rond. *D'ailleurs* toi-même tu disais hier qu'on n'avait plus rien à se dire…

CRÉER

❶ À deux.

a. Imaginez ensemble le contexte de la séquence 2 : lieu, moment, relation entre les deux personnages...

b. Étoffez la séquence avec deux ou trois répliques **en amont** puis **en aval**.

c. Jouez votre scène devant les autres étudiants.

Exemple :

a. Contexte : deux jeunes étudiants qui sortaient ensemble sont en train de se séparer. JF est plus résolue que JH, qui vit cette séparation comme un échec et cherche à y échapper. JF, lucide, est bien décidée à rompre.

b.   JF – Écoute, je crois qu'il vaut mieux qu'on en reste là !

JH – Tu veux pas qu'on se donne une chance ? On pourrait arrêter de se voir un moment, puis on ferait le point…

JF – Arrête ! On tourne en rond. *D'ailleurs* toi-même tu disais hier qu'on n'avait plus rien à se dire… **Prends pas cet air de chien battu, Vincent, c'est pas la fin du monde. Juste une expérience qui s'achève...** On est jeunes tous les deux...

JH – Facile à dire...

❷ À deux.

a. Lisez le dialogue suivant puis dites si c'est vrai ou faux.

A – Il ne démissionnera pas, j'en suis sûr. D'ailleurs, il n'a pas réduit son train de vie !

B – Bien au contraire !

	Vrai	Faux
1. A n'est pas convaincu de la prochaine démission de son patron.	☐	☐
2. Il avance cette affirmation sans aucune preuve.	☐	☐
3. B peut accompagner *d'ailleurs* par un geste d'évidence, main déployée ouverte sur le côté.	☐	☐
4. B peut surenchérir en relevant la tête en arrière.	☐	☐

b. Étoffez le dialogue avec deux ou trois répliques **en amont** puis **en aval.**

c. Jouez votre scène devant les autres étudiants.

COMPARER

Visionnez *Revoir le geste* de la séquence 2.

Dans un même contexte, les locuteurs de votre langue maternelle :

☐ **1.** ne produiraient aucun geste.

☐ **2.** produiraient un geste identique.

☐ **3.** produiraient un geste légèrement différent. (Effectuez ce geste.)

☐ **4.** produiraient un geste différent. (Effectuez ce geste.)

> Avec *d'ailleurs*, le locuteur peut apporter un argument décisif ou un argument qui se conjugue avec un autre pour renforcer une conclusion.

.... Séquence 3 ....

VISIONNER

❶ Visionnez la séquence 3.

❷ Lisez les affirmations ci-dessous. Revisionnez la séquence 3 puis dites si c'est vrai ou faux.

	Vrai	Faux
1. JH a assisté la veille à l'exposé de JF.	☐	☐
2. JF est indifférente aux compliments de JH.	☐	☐
3. Paume levée contre l'extérieur, JH contre l'erreur possible d'interprétation : pour une fois, exceptionnellement.	☐	☐
4. JF apprécie le compliment en pressant les lèvres.	☐	☐

LIRE et JOUER

À deux. Lisez à voix haute la transcription de la séquence 3. Tentez de restituer les gestes et les expressions repérés lors du visionnage.

> **JH** – Tu as été brillante hier… Comme d'habitude *d'ailleurs*.
> **JF** – Tu es gentil !
> **JH** – Non, je t'assure, c'est la vérité : je prends plein de notes à tes exposés.

CRÉER

❶ À deux.

a. Imaginez ensemble le contexte de la séquence 3 : lieu, moment, relation entre les deux personnages...

b. Étoffez la séquence avec deux ou trois répliques **en amont** puis **en aval**.

c. Jouez votre scène devant les autres étudiants.

Exemple :

a. Contexte : JH suit les mêmes cours que JF. Il est très attiré par son charme mais aussi par ses qualités intellectuelles. JF est surtout centrée sur ses études : elle veut devenir professeur de philosophie.

b.　JH – Toujours en train d'étudier ?

　　JF – Mais non, c'est un manga.

　　JH – Tu as été brillante hier… Comme d'habitude *d'ailleurs*.

　　JF – Tu es gentil !

　　JH – Non, je t'assure, c'est la vérité : je prends plein de notes à tes exposés. **Qu'est-ce que tu fais ce soir ? Tu es libre ?**

　　JF – C'est que Lucas m'a invitée à la cinémathèque, il y a un film de Michael Moore.

　　JH – Demain soir, alors ?

　　JF – Je vais à un concert avec Martin...

　　JH – Décidément, j'ai pas de chance... Dis-moi plutôt quand tu es libre...

❷ À deux.

a. Lisez le dialogue suivant puis dites si c'est vrai ou faux.

A – À Porto Alegre ou à Davos, il y avait pas beaucoup de femmes cette année... Comme toujours d'ailleurs.

B – Tu avais pas besoin de préciser. Dans ce genre de réunions, il y a pas besoin de figurantes.

	Vrai	Faux
1. A relève la sous-représentation des femmes à Davos cette année-ci.	☐	☐
2. D'après B, la parité hommes/femmes est de rigueur dans les forums économiques.	☐	☐
3. Paume levée contre l'extérieur, A peut contrer l'erreur possible d'interprétation : seulement cette année.	☐	☐
4. A peut hausser les épaules en signe d'évidence : « Tu avais pas besoin de préciser. »	☐	☐

b. Étoffez le dialogue avec deux ou trois répliques **en amont** puis **en aval**.

c. Jouez votre scène devant les autres étudiants.

↔ COMPARER

Visionnez *Revoir le geste* de la séquence 3.

Dans un même contexte, les locuteurs de votre langue maternelle :

☐ **1.** ne produiraient aucun geste.

☐ **2.** produiraient un geste identique.

☐ **3.** produiraient un geste légèrement différent. (Effectuez ce geste.)

☐ **4.** produiraient un geste différent. (Effectuez ce geste.)

> ❯ *D'ailleurs* permet au locuteur de s'autocorriger en rectifiant ce qu'il vient de dire.

À RETENIR

Selon les situations, en utilisant *d'ailleurs* le locuteur peut introduire une remarque, un commentaire ou avancer un nouvel argument qui renforce un point de vue, ou encore ponctuer une autocorrection.

Autre usage

Vous avez sans doute entendu autour de vous, dans la conversation, *par ailleurs*. Cette locution permet de présenter un autre aspect des choses, un autre point de vue : « Ce journal (d'apprentissage) est bon pour mon oral ; par ailleurs, il me permet de faire des progrès à l'écrit. » Pour *par ailleurs*, la réalisation gestuelle peut être la suivante : le mouvement de la tête, baissée ou tournée sur le côté droit ou gauche, renvoie à un autre aspect de la question.

Dictionnaire des étudiants étrangers de Besançon

NB : À l'origine, comme *d'ailleurs* (d'un autre endroit), *par ailleurs* avait uniquement un sens spatial (par une autre voie).

11 Finalement

VISIONNER

❶ Visionnez la séquence.

❷ Lisez les affirmations ci-dessous. Revisionnez la séquence puis dites si c'est vrai ou faux.

	Vrai	Faux
1. JF s'attendait à la réussite de JH.	☐	☐
2. JH n'est pas d'un tempérament inquiet.	☐	☐
3. Paume ouverte, JF montre le résultat obtenu par JH : « Finalement... ».	☐	☐
4. Par le haussement des épaules et les yeux levés au ciel, JH exprime l'ampleur de l'angoisse passée.	☐	☐

LIRE et JOUER

À deux. Lisez à voix haute la transcription de la séquence. Tentez de restituer les gestes et les expressions repérés lors du visionnage.

> **JF** – Eh bien, tu l'as eu cet examen. *Finalement* c'était pas si difficile que ça.
>
> **JH** – Oui, mais qu'est-ce que j'ai pu flipper…

CRÉER

① À deux.

a. Imaginez ensemble le contexte de la séquence : lieu, moment, relation entre les deux personnages...

b. Étoffez la séquence avec deux ou trois répliques **en aval.**

c. Jouez votre scène devant les autres étudiants.

Exemple :

a. Contexte : JH s'est présenté à un examen dont il appréhendait le résultat. Le connaissant comme quelqu'un qui se sous-estime, JF pensait au contraire qu'il n'avait pas de souci à se faire.

b. JF – Eh bien, tu l'as eu cet examen. *Finalement* c'était pas si difficile que ça.

JH – Oui, mais qu'est-ce que j'ai pu flipper…

JF – Je t'avais bien dit que tu n'avais pas à t'en faire.

JH – Oui, mais, toi, tu es d'un optimisme aveugle.

JF – Heureusement, parce que de ton coté…

② À deux.

a. Lisez le dialogue suivant puis dites si c'est vrai ou faux.

A – Finalement, il est plutôt gentil, Martin.

B – Oui, il gagne à être connu.

	Vrai	Faux
1. A (comme d'autres) avait un préjugé défavorable sur Martin.	☐	☐
2. B partageait cet a priori.	☐	☐
3. A peut pencher la tête sur le côté en disant « finalement », exprimant ainsi un changement de point de vue.	☐	☐
4. B peut hocher la tête plusieurs fois en signe d'acquiescement.	☐	☐

b. Étoffez le dialogue avec deux ou trois répliques **en aval.**

c. Jouez votre scène devant les autres étudiants.

 COMPARER

Visionnez *Revoir le geste*.

Dans un même contexte, les locuteurs de votre langue maternelle :

☐ **1.** ne produiraient aucun geste.

☐ **2.** produiraient un geste identique.

☐ **3.** produiraient un geste légèrement différent. (Effectuez ce geste.)

☐ **4.** produiraient un geste différent. (Effectuez ce geste.)

À RETENIR

« Il est intéressant de voir comment on utilise le mot *finalement* à l'oral. Souvent, on ne le dit pas après les mots comme *premièrement*, *deuxièmement*, mais au tout début d'une phrase, seul. Par exemple l'autre jour, après avoir joué au tennis avec moi, ma mère d'accueil m'a dit : "*Finalement*, tu avais chaud." Je crois que cela l'étonnait un peu puisqu'il faisait froid dans le bâtiment et c'est pourquoi, je pense, elle a dit "finalement". J'entends beaucoup ce mot à l'oral et je crois qu'on l'utilise un peu comme le mot *donc*. »

Dictionnaire des étudiants étrangers de Besançon

Donc et *finalement* sont certes proches, mais si *donc* permet d'exprimer une conclusion impliquée, *finalement* introduit une conclusion finale, attendue ou inattendue.

Enfin

 **VISIONNER**

❶ Visionnez la séquence 1.

❷ Lisez les affirmations ci-dessous. Revisionnez la séquence 1 puis dites si c'est vrai ou faux.

	Vrai	Faux
1. H exprime l'amour absolu de Jules par un mouvement transversal de la main.	☐	☐
2. Jules a mis très longtemps avant de rencontrer l'amour de sa vie.	☐	☐
3. JH lève lentement l'avant-bras pour représenter le temps mis à chercher l'âme sœur puis, avec la main ouverte, montre l'heureuse conclusion.	☐	☐
4. Selon H, Jules serait quelqu'un de très facile à vivre.	☐	☐

 **LIRE et JOUER**

À deux. Lisez à voix haute la transcription de la séquence 1. Tentez de restituer les gestes et les expressions repérés lors du visionnage.

> H – Jules est fou amoureux.
>
> JH – Oui, il dit qu'il a *enfin* trouvé l'âme sœur !
>
> H – Vu son caractère, elle doit avoir une sacrée personnalité.

CRÉER

❶ À deux.

a. Imaginez ensemble le contexte de la séquence 1 : lieu, moment, relation entre les deux personnages...

b. Étoffez la séquence avec deux ou trois répliques **en amont** puis **en aval**.

c. Jouez votre scène devant les autres étudiants.

Exemple :

a. Contexte : dans un café, deux amis commentent avec humour et légèreté les dernières péripéties amoureuses de Jules, un célibataire qui jusqu'à maintenant n'avait pas trouvé la femme de sa vie.

b.
> JH – Quoi de neuf ?
>
> H – **Tu es sans doute au courant,** Jules est fou amoureux.
>
> JH – Oui, il dit qu'il a *enfin* trouvé l'âme sœur !
>
> H – Vu son caractère, elle doit avoir une sacrée personnalité.
>
> JH – **Ou au contraire être très effacée.**
>
> H – Tiens, regarde qui arrive...
>
> JH – **Quand on parle du loup...**

❷ À deux.

a. Lisez le dialogue suivant puis dites si c'est vrai ou faux.

A – On a discuté de choses et d'autres, puis j'ai réussi à amener le sujet. Je te passe les détails. Je lui parle enfin de toi...

B – Alors ?

A – Eh bien, Tristan a rougi...

	Vrai	Faux
1. Le « sujet » en question est le sentiment que peut éprouver Tristan pour B.	☐	☐
2. Dans sa conversation avec Tristan, A est allé(e) droit au but.	☐	☐
3. En disant « enfin... », A peut lever lentement l'avant-bras puis ouvrir la main en poursuivant : « de toi... ».	☐	☐
4. A peut avancer le menton et hocher la tête en disant « Eh bien... ».	☐	☐

b. Étoffez le dialogue avec deux ou trois répliques **en amont** puis **en aval**.

c. Jouez votre scène devant les autres étudiants.

COMPARER

Visionnez *Revoir le geste* de la séquence 1.

Dans un même contexte, les locuteurs de votre langue maternelle :

☐ **1.** ne produiraient aucun geste.

☐ **2.** produiraient un geste identique.

☐ **3.** produiraient un geste légèrement différent. (Effectuez ce geste.)

☐ **4.** produiraient un geste différent. (Effectuez ce geste.)

> Avec *enfin*, le locuteur peut exprimer la lenteur d'un événement arrivé après beaucoup d'attente, d'incertitude.

.... Séquence 2 ....

🔴 VISIONNER

❶ Visionnez la séquence 2.

❷ Lisez les affirmations ci-dessous. Revisionnez la séquence 2 puis dites si c'est vrai ou faux.

	Vrai	Faux
1. H s'inquiète de la présence d'un ami à une soirée.	☐	☐
2. F n'a aucun doute à ce sujet.	☐	☐
3. H hoche plusieurs fois la tête comme pour bien se convaincre que son ami viendra à la soirée.	☐	☐
4. F lève et ouvre légèrement la main pour soulever une condition.	☐	☐

📖 LIRE et JOUER

À deux. Lisez à voix haute la transcription de la séquence 2. Tentez de restituer les gestes et les expressions repérés lors du visionnage.

> **H** – Il va venir à la soirée samedi, tu crois ?
> **F** – Oui, c'est sûr. *Enfin...* s'il est à Paris.

💡 CRÉER

❶ À deux.

a. Imaginez ensemble le contexte de la séquence 2 : lieu, moment, relation entre les deux personnages...

b. Étoffez la séquence avec deux ou trois répliques **en amont** puis **en aval**.

c. Jouez votre scène devant les autres étudiants.

Exemple :

a. Contexte : une soirée a été organisée où se rendront H et F. Un ami commun, Raphaël, est aussi invité. H n'est pas absolument sûr de sa présence car ce dernier lui est apparu réticent par rapport à cet événement.

b.
H – **J'ai pas de nouvelles de Raphaël.** Il va venir à la soirée samedi, tu crois ?

F – Oui, c'est sûr. *Enfin...* s'il est à Paris.

H – **Normalement, il doit venir ce week-end pour son cours de reliure.**

F – **Alors pourquoi tu t'inquiètes ?**

H – **Il avait pas l'air emballé...**

❷ À deux.

a. Lisez le dialogue suivant puis dites si c'est vrai ou faux.

A – On n'y croyait plus, enfin... moi je n'y croyais pas.

B – Comme quoi, on peut changer.

A – Mais à ce point ?

B – Sa femme a joué un grand rôle.

	Vrai	Faux
1. La personne dont on parle n'est plus la même.	☐	☐
2. Ce changement était prévisible.	☐	☐
3. A peut lever et ouvrir légèrement la main pour corriger son affirmation : « enfin... moi je n'y croyais pas. »	☐	☐
4. B peut avancer la main vers A, paume ouverte, doigts accolés, pour introduire la remarque : « Sa femme a joué un grand rôle. »	☐	☐

b. Étoffez le dialogue avec deux ou trois répliques **en amont** puis **en aval**.

c. Jouez votre scène devant les autres étudiants.

 **COMPARER**

Visionnez *Revoir le geste* de la séquence 2.

Dans un même contexte, les locuteurs de votre langue maternelle :

☐ **1.** ne produiraient aucun geste.

☐ **2.** produiraient un geste identique.

☐ **3.** produiraient un geste légèrement différent. (Effectuez ce geste.)

☐ **4.** produiraient un geste différent. (Effectuez ce geste.)

> Avec *enfin...*, le locuteur peut se corriger ou apporter une précision par rapport à ce qu'il vient d'énoncer.

À RETENIR

Avec *enfin*, le locuteur peut exprimer la lenteur d'un événement arrivé après beaucoup d'attente, d'incertitude. Dans certains contextes, cet adverbe introduit une autocorrection (rectification ou précision).

Autres usages

« Je pense que cette expérience à l'Office de Tourisme de Besançon m'a bien préparé à mon insertion professionnelle car elle a été pour moi une expérience stimulante et complète, qui renforce mon désir d'exercer mon futur métier de guide dans le domaine du tourisme.
Enfin, je tiens à exprimer ma satisfaction d'avoir pu travailler dans de très bonnes conditions matérielles et un environnement humain agréable et solidaire. »

Rapport de stage

« ... Nous sommes allés à Tokyo, à Nara, enfin à Kyoto... »

Extrait d'une carte postale

➜ *Enfin* peut aussi être utilisé dans un registre plus formel pour exprimer la fin d'un parcours dans l'espace ou le temps, ou encore une conclusion.

« Ce matin, j'ai entendu ma mère d'accueil dire à son fils : "Enfin qu'est-ce que tu as ce matin, on peut rien te dire !" J'ai compris qu'elle n'appréciait pas du tout son comportement. »

Journal de classe d'un étudiant

➜ Avec *enfin*, cette mère manifestait son exaspération devant la conduite de son fils. *Enfin* peut donc également permettre l'expression de réactions personnelles (notamment l'exaspération et l'étonnement scandalisé) face à certains comportements d'autrui (*Enfin !, Mais enfin !*).

Par groupes de 3 étudiant(e)s

Vous êtes trois ami(e)s en vacances en France. Dans le hall de la gare de Dijon où vous vous trouvez pour vous rendre à Paris (la dernière étape de votre voyage avant votre retour dans votre pays), on vient d'annoncer que votre train a été supprimé suite à un mouvement de grève. Un autre train est quand même annoncé en début d'après-midi et vous décidez alors de déjeuner au Buffet de la Gare en attendant ce train.

Vous parlez ensemble de ce contretemps qui perturbe votre voyage. L'un(e) d'entre vous est totalement contre ce mouvement de grève, un(e) autre soutient les grévistes et le/la troisième ne sait pas trop quoi penser de tout cela.

▶ N'oubliez pas d'utiliser les gestes et paroles de l'argumentation conversationnelle appris récemment et de glisser dans vos répliques, selon vos besoins : *au fait, quand même, en fait, pourtant, donc, alors, du coup, de toute façon, en tout cas, d'ailleurs, finalement, enfin.*

▶ Chaque participant(e) doit prendre un temps de parole égal.

▶ Après le jeu de rôle, complétez la grille d'autoévaluation.

Autoévaluation 3

A = satisfait   B = plutôt satisfait   C = à améliorer

❶ Piste interactionnelle (les échanges)   A B C

• Respect des usages sociaux et des registres de langue
  selon la situation (tutoiement, vouvoiement, formules
  de politesse, etc.) ....☐ ☐ ☐

• Lexique approprié ....☐ ☐ ☐

• Maîtrise de la syntaxe ....☐ ☐ ☐

• Présence des connecteurs exigés par la situation avec
  ou sans geste approprié ....☐ ☐ ☐

❷ Piste dramaturgique (le jeu théâtral)

• Articulation et modulation de la voix ; présence du geste
  co-verbal ; contribution à l'évolution du scénario ....☐ ☐ ☐

• Concentration sur le jeu théâtral ....☐ ☐ ☐

❸ Piste d'autocontrôle (conscience de la production langagière)

• Autocorrections ....☐ ☐ ☐

• Appels aux autres partenaires (manque de lexique ou oubli
  du scénario), utilisation de gestes de substitution en cas de
  blocage linguistique ou de gestes et mimiques autocritiques ....☐ ☐ ☐

• Silences cognitifs (recherche de lexique ou d'une construction) ....☐ ☐ ☐

Autres commentaires : ....

....

....

13 Normalement

VISIONNER

❶ Visionnez la séquence.

❷ Lisez les affirmations ci-dessous. Revisionnez la séquence puis dites si c'est vrai ou faux.

	Vrai	Faux
1. F est préoccupée par une situation qu'elle juge anormale.	☐	☐
2. H est tout aussi inquiet que F.	☐	☐
3. F fronce les sourcils devant l'anormalité constatée.	☐	☐
4. H penche la tête sur le côté en disant « c'est quand même bizarre » parce qu'il n'avait pas vu l'aspect anormal de la situation.	☐	☐

LIRE et JOUER

À deux. Lisez à voix haute la transcription de la séquence. Tentez de restituer les gestes et les expressions repérés lors du visionnage.

> **F** – À cette heure-ci *normalement* elle devrait être là…
> **H** – Oui, c'est quand même bizarre.
> **F** – Je vais appeler ses voisins.
> **H** – Attends un peu. Elle est peut-être dans le jardin.
> **F** – Dans le jardin ! Mais enfin, Stéphane, il fait nuit noire !

CRÉER

1 À deux.

a. Imaginez ensemble le contexte de la séquence : lieu, moment, relation entre les deux personnages...

b. Étoffez la séquence avec deux ou trois répliques **en amont** puis **en aval**.

c. Jouez votre scène devant les autres étudiants.

Exemple :

a. Contexte : en début de soirée, une femme s'inquiète du fait que sa mère âgée, qui vit seule à la campagne, ne réponde pas au téléphone. Diverses hypothèses sont envisagées par elle et son compagnon, d'un tempérament moins inquiet.

b.
H – Mais à qui tu téléphones sans arrêt ?

F – À ma mère. Ça ne répond pas. À cette heure-ci *normalement* elle devrait être là…

H – Oui, c'est quand même bizarre.

F – Je vais appeler ses voisins.

H – Attends un peu. Elle est peut-être dans le jardin.

F – Dans le jardin ! Mais enfin, Stéphane, il fait nuit noire !

H – Tu devrais pas t'affoler comme ça, c'est déjà arrivé.

F – Allô, bonsoir madame, c'est Catherine, la fille de madame Rousseau. Excusez-moi de vous déranger mais ma mère ne répond pas au téléphone. Vous pourriez passer ? Merci. Je vous rappelle dans un moment.

2 À deux.

a. Lisez le dialogue suivant puis dites si c'est vrai ou faux.

A – Donc je pourrai emménager le 15 septembre ?

B – Normalement oui.

A – C'est-à-dire ?

B – Eh bien, si le locataire actuel est bien parti...

	Vrai	Faux
1. A compte bien pouvoir occuper son nouveau logement à la date du 15 septembre.	☐	☐
2. Il/Elle peut déployer la main sur le côté dans un geste de déduction : « Donc... ».	☐	☐
3. B lui donne l'assurance qu'il/elle pourra emménager à la date convenue.	☐	☐
4. A peut manifester soit sa surprise (en haussant les sourcils), soit son inquiétude (en fronçant les sourcils) après la réponse de B : « Normalement oui. »	☐	☐

b. Étoffez le dialogue avec deux ou trois répliques **en amont** puis **en aval**.

c. Jouez votre scène devant les autres étudiants.

↔ COMPARER

Visionnez *Revoir le geste*.

Dans un même contexte, les locuteurs de votre langue maternelle :

☐ **1.** ne produiraient aucun geste.

☐ **2.** produiraient un geste identique.

☐ **3.** produiraient un geste légèrement différent. (Effectuez ce geste.)

☐ **4.** produiraient un geste différent. (Effectuez ce geste.)

À RETENIR

En employant l'adverbe *normalement*, le locuteur peut rendre compte du déroulement logique ou normal des choses, des usages ou des habitudes. Cependant, *normalement* peut être interprété selon le contexte comme une mise en garde avertissant que tout ne pourrait pas se passer comme prévu, comme dans l'anecdote suivante :

« Aujourd'hui, je suis allé à la résidence universitaire de la Bouloie. Là, la secrétaire m'a dit que "normalement" il y aurait une chambre pour moi avant le 13 octobre, et que "normalement", ma chambre étant déjà payée, je n'aurais "normalement" aucun problème. Je crois que *normalement* avait plusieurs sens dans cette situation. La secrétaire voulait dire "en général" quand elle a dit "normalement", mais je crois qu'elle voulait dire aussi que rien n'était promis et que tout pouvait changer sans aucun avertissement. En fait, c'était sans doute une tournure linguistique pour éviter de trop promettre. Moi, comme Américain, je suis parti de la résidence avec l'impression précisément contraire de ce que m'avait assuré la secrétaire. Je serais très surpris qu'il n'y ait pas de problème : il y avait trop de "normalement" ! »

Dictionnaire des étudiants étrangers de Besançon

14 Puisque

VISIONNER

❶ Visionnez la séquence.

❷ Lisez les affirmations ci-dessous. Revisionnez la séquence puis dites si c'est vrai ou faux.

	Vrai	Faux
1. JF n'est pas sûre des sentiments de son ami.	☐	☐
2. F lui suggère tout d'abord de lui avouer carrément son amour.	☐	☐
3. En disant « Puisque tu l'aimes », F confirme l'amour de JF pour son ami par un abaissement répété de la tête et, paume ouverte, présente cet amour comme argument.	☐	☐
4. Avant de dire « Je ne sais pas, moi... », F pousse un soupir et hausse les épaules pour exprimer son ignorance.	☐	☐

LIRE et JOUER

À deux. Lisez à voix haute la transcription de la séquence. Tentez de restituer les gestes et les expressions repérés lors du visionnage.

F – *Puisque* tu l'aimes, pourquoi tu le lui dis pas ?
JF – J'ai peur de sa réaction.
F – Eh bien tâte le terrain d'abord.
JF – Mais comment ?
F – Je ne sais pas, moi... dis-lui : « Supposons que je t'aime... »

CRÉER

❶ À deux.

a. Imaginez ensemble le contexte de la séquence : lieu, moment, relation entre les deux personnages...

b. Étoffez la séquence avec deux ou trois répliques **en amont** puis **en aval**.

c. Jouez votre scène devant les autres étudiants.

Exemple :

a. Contexte : JF est amoureuse d'un très bon ami de F, Luc. Mais, timide et peu sûre d'elle, elle craint d'être repoussée. Son amie, plus âgée, l'encourage à faire le premier pas avec une stratégie qu'elles trouvent toutes les deux un peu trop simple.

b. F – Alors, ça avance avec Luc ?

JF – On fait du sur place. Je sais plus quoi faire...

F – *Puisque* tu l'aimes, pourquoi tu le lui dis pas ?

JF – J'ai peur de sa réaction.

F – Eh bien tâte le terrain d'abord.

JF – Mais comment ?

F – Je ne sais pas, moi... dis-lui : « Supposons que je t'aime... »

JF – T'as pas autre chose ?...

F – Un SMS ?

JF – Arrête de plaisanter. Et si tu lui parlais, toi ?

❷ À deux.

a. Lisez le dialogue suivant puis dites si c'est vrai ou faux.

A – On n'a qu'à sortir puisqu'il ne pleut plus.

B – J'ai mon examen dans quinze jours. On dirait que tu l'as oublié !

A – Bien sûr que non, mais ils annoncent encore de la pluie pour demain.

	Vrai	Faux
1. A et B sont en désaccord sur un sujet de grande importance.	☐	☐
2. B a une bonne raison de ne pas vouloir sortir.	☐	☐
3. Paumes montrées, A peut exprimer à la fois la situation et la raison pour laquelle ils/elles devraient sortir.	☐	☐
4. Dans la dernière réplique, A peut présenter une autre bonne raison de sortir par un mouvement de la tête sur le côté.	☐	☐

b. Étoffez le dialogue avec deux ou trois répliques en aval.

c. Jouez votre scène devant les autres étudiants.

COMPARER

Visionnez *Revoir le geste*.

Dans un même contexte, les locuteurs de votre langue maternelle :

☐ **1.** ne produiraient aucun geste.

☐ **2.** produiraient un geste identique.

☐ **3.** produiraient un geste légèrement différent. (Effectuez ce geste.)

☐ **4.** produiraient un geste différent. (Effectuez ce geste.)

À RETENIR

Puisque évoque une cause évidente ou qui fait référence à un contexte connu du locuteur et de son/ses interlocuteur(s).

> À ma p'tite fleur en coton
> Puisque ça fait un an tout rond
> Quarante-neuf ans encore
> Pour être ma p'tite fleur en or
> Mais tu seras toujours
> Ma petite fleur d'amour
> *Didier*

Dans cette petite annonce tirée du journal *Libération*, la dédicace ne peut concerner qu'une seule personne qui se reconnaîtra par un fait connu uniquement d'elle-même et de celui qui a écrit ce message.

15  Quoique

VISIONNER

❶ Visionnez la séquence.

❷ Lisez les affirmations ci-dessous. Revisionnez la séquence puis dites si c'est vrai ou faux.

	Vrai	Faux
1. H et F évoquent le comportement surprenant d'un collègue.	☐	☐
2. En disant « Quoique... », H plisse les yeux pour mieux discerner dans le passé un fait oublié qui expliquerait le comportement en question.	☐	☐
3. Le hochement de tête de H signifie qu'il a bien établi un lien entre un fait du passé et la conduite actuelle de leur collègue.	☐	☐
4. À la demande de F, H revient sur ce fait significatif.	☐	☐

LIRE et JOUER

À deux. Lisez à voix haute la transcription de la séquence. Tentez de restituer les gestes et les expressions repérés lors du visionnage.

> **H** – Moi aussi, bien sûr, son comportement m'a surpris. *Quoique...*
> **F** – À quoi tu penses ?
> **H** – Oh ce serait long à raconter. Et puis c'est sans importance...

CRÉER

❶ À deux.

a. Imaginez ensemble le contexte de la séquence : lieu, moment, relation entre les deux personnages...

b. Étoffez la séquence avec deux ou trois répliques en **amont** puis en **aval**.

c. Jouez votre scène devant les autres étudiants.

Exemple :

a. Contexte : dans l'entreprise où travaillent H et F, Claude, un employé jusqu'alors considéré comme très fiable, a commis une faute profession-nelle assez grave. H évoque cet incident avec F, qui connaît ou croyait connaître Claude.

b.
H – C'est bien simple : au bureau on ne parle que de cette histoire.

F – Je n'aurais jamais cru Claude capable de faire une chose pa-reille.

H – Moi aussi, bien sûr, son comportement m'a surpris. *Quoique...*

F – À quoi tu penses ?

H – Oh ce serait long à raconter. Et puis c'est sans importance...

F – Tu pourrais quand même m'en dire plus : ça m'aiderait à com-prendre...

H – À quoi bon ? Tout ça est déjà assez triste...

❷ À deux.

a. Lisez le dialogue suivant puis dites si c'est vrai ou faux.

A – Une croisière avec toi ? Quelle idée ! Quoiqu'après tout... Et tu m'em-mènerais où, comme ça ?

B – Oh, pas au bout du monde, autour du lac de Constance...

	Vrai	Faux
1. A est emballé(e) par l'invitation de B.	☐	☐
2. Après réflexion, A pèse le pour et le contre puis accepte.	☐	☐
3. A peut envisager la proposition de B par une inclinaison latérale de la tête et s'interroger en levant les sourcils en disant : « Quoiqu'après tout... »	☐	☐
4. Paume levée face à A, B peut chercher à la fois à rassurer et à s'excuser de la modestie de sa proposition : « Oh, pas au bout du monde... »	☐	☐

b. Étoffez le dialogue avec deux ou trois répliques **en amont** puis **en aval**.

c. Jouez votre scène devant les autres étudiants.

 **COMPARER**

Visionnez *Revoir le geste*.

Dans un même contexte, les locuteurs de votre langue maternelle :

☐ **1.** ne produiraient aucun geste.

☐ **2.** produiraient un geste identique.

☐ **3.** produiraient un geste légèrement différent. (Effectuez ce geste.)

☐ **4.** produiraient un geste différent. (Effectuez ce geste.)

À RETENIR

Quoique, employé isolément et suivi d'une pause plus ou moins longue (le temps de la réflexion), permet au locuteur de reconsidérer son affirmation précédente, de la remettre en cause, ou tout au moins d'émettre des doutes quant à sa pertinence. De même, avec *quoique*, il peut soupeser les propos de son interlocuteur avant de lui répondre explicitement.

Jeu de rôle ④

Par groupes de 3 étudiant(e)s

Étudiant(e)s à la veille des vacances d'été, vous êtes à la recherche d'un petit boulot. La discussion tourne autour des inconvénients et des avantages des possibilités offertes et d'un choix personnel : travail dans un supermarché (souvent à la caisse), dans une boulangerie, serveur ou serveuse dans un café ou un restaurant, dans la restauration rapide, manœuvre dans une usine ou d'autres occupations de votre choix. L'expérience personnelle heureuse ou malheureuse pourra nourrir l'argumentation.

▶ N'oubliez pas d'utiliser les gestes et paroles de l'argumentation conversationnelle appris récemment et de glisser dans vos répliques, selon vos besoins : *au fait, quand même, en fait, pourtant, donc, alors, du coup, de toute façon, en tout cas, d'ailleurs, finalement, enfin, normalement, puisque, quoique.*

▶ Chaque participant(e) doit prendre un temps de parole égal.

▶ Après le jeu de rôle, complétez la grille d'autoévaluation.

Autoévaluation ❹

A = satisfait   **B** = plutôt satisfait   **C** = à améliorer

❶ Piste interactionnelle (les échanges)   **A B C**

• Respect des usages sociaux et des registres de langue
  selon la situation (tutoiement, vouvoiement, formules
  de politesse, etc.)...☐ ☐ ☐

• Lexique approprié..☐ ☐ ☐

• Maîtrise de la syntaxe...☐ ☐ ☐

• Présence des connecteurs exigés par la situation avec
  ou sans geste approprié ....☐ ☐ ☐

❷ Piste dramaturgique (le jeu théâtral)

• Articulation et modulation de la voix ; présence du geste
  co-verbal ; contribution à l'évolution du scénario........................☐ ☐ ☐

• Concentration sur le jeu théâtral...☐ ☐ ☐

❸ Piste d'autocontrôle (conscience de la production langagière)

• Autocorrections...☐ ☐ ☐

• Appels aux autres partenaires (manque de lexique ou oubli
  du scénario), utilisation de gestes de substitution en cas de
  blocage linguistique ou de gestes et mimiques autocritiques ....☐ ☐ ☐

• Silences cognitifs (recherche de lexique ou d'une construction) ....☐ ☐ ☐

Autres commentaires : . . . .

. . . .

. . . .

6 Au moins / du moins

🔵 VISIONNER

❶ Visionnez la séquence 1.

❷ Lisez les affirmations ci-dessous. Revisionnez la séquence 1 puis dites si c'est vrai ou faux.

	Vrai	Faux
1. Un ami de H et de F s'est lancé dans une entreprise risquée.	☐	☐
2. Généralement, il est sensible aux conseils des autres.	☐	☐
3. Pour tranquilliser H, F esquisse un mouvement de la main contre l'extérieur, en signe de protection.	☐	☐
4. Les mouvements saccadés de H expriment son énervement.	☐	☐

LIRE et JOUER

À deux. Lisez à voix haute la transcription de la séquence 1. Tentez de restituer les gestes et les expressions repérés lors du visionnage.

> **H** – Je lui ai dit de rester prudent, de pas s'emballer. Mais tu le connais, il écoute personne.
> **F** – *Au moins*, tu l'auras prévenu…
> **H** – Je peux pas faire plus !

🔦 CRÉER

❶ À deux.

a. Imaginez ensemble le contexte de la séquence 1 : lieu, moment, relation entre les deux personnages...

b. Étoffez la séquence avec deux ou trois répliques **en amont** puis **en aval**.

c. Jouez votre scène devant les autres étudiants.

Exemple :

a. Contexte : Daniel, déjà propriétaire de plusieurs magasins, veut reprendre un commerce en difficulté. Ses amis cherchent à l'en dissuader car dans le passé il n'a pas toujours eu la main heureuse.

b.
F – C'est un pari risqué que fait Daniel. Bien sûr, il t'en a parlé ?

H – Oui, et je lui ai dit de rester prudent, de pas s'emballer. Mais tu le connais, il écoute personne.

F – *Au moins,* tu l'auras prévenu…

H – Je peux pas faire plus !

F – Mais qu'est-ce qui peut bien le pousser ? Le goût du risque ?

H – Non, il a besoin d'action, de nouvelles activités...

❷ À deux.

a. Lisez le dialogue suivant puis dites si c'est vrai ou faux.

A – J'ai décidé de me reposer dans le Jura, au moins quelques jours.

B – Et tu n'emporteras pas de dossiers !

A – Ah ça non, tu peux me croire. J'ai besoin de faire le vide. D'ailleurs, Ina me les arracherait des mains !

	Vrai	Faux
1. A se résigne à prendre un peu de repos.	☐	☐
2. Il ne compte pas rester à la montagne plus de deux jours.	☐	☐
3. En disant « au moins », A peut souligner, paume levée vers l'extérieur, le fait qu'il prendra au minimum quelques jours de repos.	☐	☐
4. Dans sa deuxième réplique, A peut renforcer sa négation par un mouvement transversal répété de la main : « Ah ça non... »	☐	☐

b. Étoffez le dialogue avec deux ou trois répliques **en aval.**

c. Jouez votre scène devant les autres étudiants.

COMPARER

Visionnez *Revoir le geste* de la séquence 1.

Dans un même contexte, les locuteurs de votre langue maternelle :

☐ **1.** ne produiraient aucun geste.

☐ **2.** produiraient un geste identique.

☐ **3.** produiraient un geste légèrement différent. (Effectuez ce geste.)

☐ **4.** produiraient un geste différent. (Effectuez ce geste.)

> Avec *au moins*, le locuteur peut d'une certaine manière « consoler » son interlocuteur pris dans une situation embarrassante, comme dans la séquence filmée, ou s'inquiéter à son sujet (« Tu as vu un médecin, *au moins* ? »). Dans d'autres contextes et un autre usage d'*au moins*, le locuteur peut poser une limite, ou plus exactement un minimum. Dans ce cas-là, on peut d'ailleurs lui substituer *au minimum* (deuxième dialogue).

.... Séquence **2** ....

VISIONNER

❶ Visionnez la séquence 2.

❷ Lisez les affirmations ci-dessous. Revisionnez la séquence 2 puis dites si c'est vrai ou faux.

	Vrai	Faux
1. La personne X dont ils parlent a une addiction.	☐	☐
2. H et F sont indifférents à son sort.	☐	☐
3. Paume levée, F s'abrite derrière ce qu'a dit X pour ne pas s'engager personnellement.	☐	☐
4. F exprime également son scepticisme par un haussement de sourcils.	☐	☐

LIRE et JOUER

À deux. Lisez à voix haute la transcription de la séquence 2. Tentez de restituer les gestes et les expressions repérés lors du visionnage.

> **H** – Elle ne joue plus ?
> **F** – Non. *Du moins,* c'est ce qu'elle dit…
> **H** – Attendons de voir.

CRÉER

❶ À deux.

a. Imaginez ensemble le contexte de la séquence 2 : lieu, moment, relation entre les deux personnages…

b. Étoffez la séquence avec deux ou trois répliques **en amont** puis **en aval**.

c. Jouez votre scène devant les autres étudiants.

Exemple :

a. Contexte : la sœur de F, belle-sœur de H, aurait arrêté de fréquenter les casinos, où elle dilapidait ses revenus. Il lui est déjà arrivé dans le passé d'arrêter de jouer puis de reprendre. Ils ont beaucoup de mal à croire qu'elle a effectivement cessé de jouer. H veut encore espérer.

b. F – Elle est passée hier. Elle avait l'air détendue.

H – Elle ne joue plus ?

F – Non. *Du moins,* c'est ce qu'elle dit…

H – Attendons de voir.

F – Tu as raison. Si cette fois, ça pouvait être la bonne !

H – C'est ce qu'il faut espérer... Croisons les doigts.

❷ À deux.

a. Lisez le dialogue suivant puis dites si c'est vrai ou faux.

A – La salle de lecture va fermer pour des travaux de maintenance.

B – Ben tu vas pouvoir te reposer, du moins quelques jours.

A – Ça !... Il faut pas y compter.

	Vrai	Faux
1. A est employé(e) dans une bibliothèque.	☐	☐
2. Les travaux qui y sont entrepris prendront beaucoup de temps.	☐	☐
3. B peut exprimer la restriction « du moins quelques jours » par l'index levé à hauteur d'épaule ou de poitrine.	☐	☐
4. En prononçant « Ça !... », A peut accompagner le sous-entendu négatif en relevant la tête en arrière (menton avancé), sourcils levés.	☐	☐

b. Étoffez le dialogue avec deux ou trois répliques **en aval**.

c. Jouez votre scène devant les autres étudiants.

 **COMPARER**

Visionnez *Revoir le geste* de la séquence 2.

Dans un même contexte, les locuteurs de votre langue maternelle :

☐ **1.** ne produiraient aucun geste.

☐ **2.** produiraient un geste identique.

☐ **3.** produiraient un geste légèrement différent. (Effectuez ce geste.)

☐ **4.** produiraient un geste différent. (Effectuez ce geste.)

> ❯ Avec *du moins*, le locuteur introduit une réserve, une distance, une res-triction par rapport à ce qu'il vient de dire ou à ce que vient de dire son interlocuteur.

À RETENIR

À noter qu'*au moins* est beaucoup plus fréquent que *du moins*, et que, dans certaines situations, *au moins* et *du moins* sont apparemment in-terchangeables. Il y a cependant une nuance de sens :

(1) Je vais pouvoir me reposer, *au moins* quelques jours.

(2) Je vais pouvoir me reposer, *du moins* quelques jours.

Dans l'énoncé 1, quelques jours représentent un minimum. Dans l'énoncé 2, le locuteur ne se reposera pas plus de quelques jours (res-triction).

En plus

VISIONNER

❶ Visionnez la séquence.

❷ Lisez les affirmations ci-dessous. Revisionnez la séquence puis dites si c'est vrai ou faux.

	Vrai	Faux
1. Cerise sur le gâteau, le nouveau copain de l'amie de JF et de F cuisine comme un chef.	☐	☐
2. JF n'éprouve aucun sentiment d'envie par rapport à la bonne fortune de leur amie.	☐	☐
3. Index droit haut levé et redescendu, F exprime de façon ostentatoire le renchérissement : « Et en plus ».	☐	☐
4. Tout son corps « abaissé » insiste sur ce renchérissement.	☐	☐

 ## LIRE et JOUER

À deux. Lisez à voix haute la transcription de la séquence. Tentez de restituer les gestes et les expressions repérés lors du visionnage.

> **JF** – Dis donc, t'as vu comme il est beau son nouveau mec !
> **F** – Et *en plus* il cuisine comme un dieu, il paraît...
> **JF** – Ah celle-là, la chance qu'elle a...

Mec, *n. m. (fam.)* : « Quand je parle d'un homme, je dis toujours "l'homme" et puis mes amis me corrigent : "Non, tu ne peux pas dire *homme*, il faut dire *mec* ou *gars*." Je sais que ce sont des mots plus courants mais, quand même, je crois que le mot *homme* est mieux que les autres. »

Mec et *gars* sont familiers, surtout *mec*, comme *type* d'ailleurs. Vous pouvez, pour vous en sortir, recourir à *personne* : « J'ai déjà rencontré cette personne. » L'avantage de ce mot, c'est que, tout en restant féminin, il peut changer de sexe selon le contexte. Vous avez aussi *individu* qui, au singulier, désigne toujours un homme, mais qui, au pluriel, rassemble hommes et femmes. De toute façon, *individu* fait très administratif et sa combinaison avec certains adjectifs comme dans « un sale individu » ou « un drôle d'individu » n'arrange pas les choses.

Dictionnaire des étudiants étrangers de Besançon

 CRÉER

❶ À deux.

a. Imaginez ensemble le contexte de la séquence : lieu, moment, relation entre les deux personnages...

b. Étoffez la séquence avec deux ou trois répliques **en aval**.

c. Jouez votre scène devant les autres étudiants.

Exemple :

a. Contexte : manifestement, F et JF sont impressionnées par la nouvelle conquête de leur amie, qui semble avoir « tiré le gros lot ». Sans être jalouses, elles sont un peu envieuses, d'autant plus que, pour l'instant, toutes les deux sont toujours à la recherche de l'âme sœur.

b.
JF – Dis donc, t'as vu comme il est beau son nouveau mec !
F – Et *en plus* il cuisine comme un dieu, il paraît...
JF – Ah celle-là, la chance qu'elle a...
F – Il faut être juste : elle est pas mal non plus.
JF – En plus, elle a un caractère facile, il faut reconnaître !
F – Et au fait, il fait quoi à part la cuisine, cette perle rare ?
JF – On le saura bientôt, on est invitées samedi.

❷ À deux.

a. Lisez le dialogue suivant puis dites si c'est vrai ou faux.

A – Primo, je t'ai rien demandé ! De plus, tu connais pratiquement rien au sujet.

B – Merci !

A – Excuse-moi mais, aujourd'hui, je suis d'une humeur de chien.

B – Et du coup, tu t'en prends à tout le monde !

	Vrai	Faux
1. A et B échangent des propos sur un ton vif.	☐	☐
2. A s'est levé(e) de bonne humeur ce jour-là.	☐	☐
3. Pouce et index en rond, A peut scander tout l'énoncé : « Primo, je t'ai rien demandé ! »	☐	☐
4. En disant « De plus... », A peut lever les sourcils puis les froncer en signe de reproche : « tu connais pratiquement rien au sujet ».	☐	☐

b. Étoffez le dialogue avec deux ou trois répliques en aval.

c. Jouez votre scène devant les autres étudiants.

COMPARER

Visionnez *Revoir le geste*.

Dans un même contexte, les locuteurs de votre langue maternelle :

☐ **1.** ne produiraient aucun geste.

☐ **2.** produiraient un geste identique.

☐ **3.** produiraient un geste légèrement différent. (Effectuez ce geste.)

☐ **4.** produiraient un geste différent. (Effectuez ce geste.)

À RETENIR

Avec *en plus*, dont le sens est « par-dessus le marché », le locuteur apporte souvent de l'émotion, qu'il juge positif ou négatif le supplément mentionné. Dans l'articulation d'une argumentation, *de plus* introduit un élément supplémentaire et/ou de poids et traduit un renchérissement dans le degré des arguments présentés. Cette dernière locution est ressentie comme appartenant à un registre plus formel.

Par groupes de 3 étudiant(e)s

Nous sommes en France. Tout juste après la fin de ses études secondaires, un jeune homme/une jeune femme annonce son intention de ne pas s'inscrire immédiatement dans une fac ou dans une classe préparatoire à une grande école ; il/elle veut d'abord voir du pays, se frotter aux autres, apprendre et pratiquer des langues étrangères. Il/Elle a mûri son projet. Il/Elle partira d'abord en Angleterre où il/elle perfectionnera son anglais dans la restauration rapide, ou comme surveillant(e) dans un collège. Puis, de là, il/elle ira dans d'autres pays d'Europe. Dans deux ou trois ans, il/elle reviendra en France et décidera à ce moment-là de son avenir et des études à entreprendre. De ses deux ami(e)s, l'un(e) l'encourage dans sa décision, l'autre le/la met en garde.

▶ N'oubliez pas d'utiliser les gestes et paroles de l'argumentation conversationnelle appris récemment et de glisser dans vos répliques, selon vos besoins : *au fait, quand même, en fait, pourtant, donc, alors, du coup, de toute façon, en tout cas, d'ailleurs, finalement, enfin, normalement, puisque, quoique, au moins, du moins, en plus.*

▶ Chaque participant(e) doit prendre un temps de parole égal.

▶ Après le jeu de rôle, complétez la grille d'autoévaluation.

Autoévaluation ⑤

A = satisfait   B = plutôt satisfait   C = à améliorer

❶ Piste interactionnelle (les échanges)   A B C

• Respect des usages sociaux et des registres de langue
  selon la situation (tutoiement, vouvoiement, formules
  de politesse, etc.)..□ □ □

• Lexique approprié...□ □ □

• Maîtrise de la syntaxe...□ □ □

• Présence des connecteurs exigés par la situation avec
  ou sans geste approprié ....□ □ □

❷ Piste dramaturgique (le jeu théâtral)

• Articulation et modulation de la voix ; présence du geste
  co-verbal ; contribution à l'évolution du scénario.......................□ □ □

• Concentration sur le jeu théâtral ....□ □ □

❸ Piste d'autocontrôle (conscience de la production langagière)

• Autocorrections...□ □ □

• Appels aux autres partenaires (manque de lexique ou oubli
  du scénario), utilisation de gestes de substitution en cas de
  blocage linguistique ou de gestes et mimiques autocritiques ....□ □ □

• Silences cognitifs (recherche de lexique ou d'une construction) ....□ □ □

Autres commentaires : ....

....

....

Des mêmes auteurs

Calbris (G.), *The semiotics of French gestures*, Bloomington, Indiana University Press, 1990.

Calbris (G.), « Sémantisme des connecteurs : nuancement du verbal par le gestuel », *Lidil*, n° 26, 2002, p. 139-153.

Calbris (G.), *Elements of meaning in gesture*, John Benjamins Publishing Company, Amsterdam, 2011.

Calbris (G.), Montredon (J.), *Approche rythmique, intonative et expressive du français langue étrangère*, Paris, CLE international, 1975.

Calbris (G.), Montredon (J.), *Oh là là ! Expression intonative et mimique*, Paris, CLE international, 1980.

Calbris (G.), Montredon (J.), *Des gestes et des mots pour le dire*, Paris, CLE International, 1986.

Calbris (G.), Montredon (J.), *La Mauvaise Langue. Du geste à l'expression imagée, au jeu de mots et au théâtre*, Besançon, Média, 1992.

Godard (M.), Montredon (J.), « *D'ailleurs* : approche verbale et non verbale d'un connecteur argumentatif dans une perspective didactique », dans *Le geste lié à la parole : perspectives théoriques et didactiques*, Séminaire ENS de Fontenay/Saint-Cloud et Université de Franche-Comté, CLA de Besançon, 1998.

Montredon (J.), *Imparfait et compagnie. Grammaire pratique des temps verbaux*, Paris, Larousse, 1987.

Montredon (J.), *De bouche à oreille. Dictionnaire des étudiants étrangers de Besançon*, Besançon, Cêtre, 2005.

Montredon (J.), Amrani (A.), Benoît-Barnet, Chan You, Llorca (R.), Peuteuil (N.), « Catchment, growth point and spatial metaphor : Analysing Derrida's oral discourse on deconstruction », in *Metaphor and Gesture*, edited by Alan Cienki and Cornelia Muller, Amsterdam, John Benjamins Publishing Company, 2008.

Vingler (J.), Montredon (J.), « Le geste retenu, Verbal/non-verbal, frères jumeaux de la parole », Actes de la journée d'études A.N.E.F.L.E., organisée à Besançon, Université de Franche-Comté, 17 juin 1995.

Achevé d'imprimer en France par la Nouvelle Imprimerie Laballery
Dépôt légal 09/2011 – Edition 02 – N° d'impression : 108173
15/5749/5